KB274252

추천사

"《그만 배우기의 기술》은 영감을 행동으로 옮기게 해주는 궁극의 가이드다. 놀라울 정도로 단순한 팻 플린의 전략은 정보를 소비하는 완전히 새로운 방식을 알려주며, 이를 통해 실제 창조와 진전을 끌어낸다. 지나친 고민에서 빠져나와 인생의 가장 큰 목표를 향해 의미 있는 발걸음을 내디딜 준비가 됐다면 이 책이 로드맵이 되어줄 것이다."

—제나 커처, 뉴욕타임스 베스트셀러 《정말 잘 지내고 있나요?》 저자

"더 나아지는 건 충분히 가능하다. 하지만 그 과정에는 집중된 호기심과 끈기가 필요하다. 플린의 책은 성장의 든든한 토대를 제시한다."

—세스 고딘, 뉴욕타임스 베스트셀러 《보랏빛 소가 온다》 저자

"천재적이다! 《그만 배우기의 기술》은 원하는 목표 이상을 성취할 수 있는 능력을 단순하게 정리해준다. 과잉 학습은 지금껏 우리가 원하는 일을 가로막아왔다. 나는 팻 플린의 혁신적인 린 러닝이 그의 삶과 비즈니스를 바꾸는 모습을 직접 지켜봤다. 그의 원칙은 나를 포함한 수많은 사람의 삶을 변화시켰다. 정보 과잉으로 멈춰 있던 삶을 행동과 성취, 즐거움으로 가득 채우고 싶은가? 이 책을 읽어라."

—리치 노튼, 베스트셀러 《인생이 바뀌는 시간 관리의 비밀》 저자

"오늘날처럼 빠르게 변화하는 세상에서 지식은 힘이다. 단, 효율적으로 습득하고 효과적으로 적용할 때만 그렇다. 팻 플린의 《그만 배우기의 기술》은 소음을 걷어내고 가장 가치 있는 학습에 집중하는 혁신적 접근법을 제시한다. 나는 비즈니스 코치로서 다른 사람이 성과를 최적화하도록 도왔다. 그 경험을 통해 이 책이 더 똑똑하게 배우고자 하는 모든 이의 책장에 반드시 있어야 한다고 확신하게 되었다."

―마이클 하이엇, 뉴욕타임스 베스트셀러 저자이자 비즈니스 코치

"《그만 배우기의 기술》에서 팻 플린은 강력한 진실을 밝혀낸다. 지식을 더 쌓는다고 답이 되지 않는다. 행동이 답이다. 유치원생들이 단 하루 만에 실제 문제를 해결한 이야기처럼 눈을 뜨게 하는 사례들을 통해 학습을 완전히 바꾸는 방식을 보여준다. 끝없는 고민과 정보 과부하에 갇히는 대신 어떻게 본질에 집중하고, 더 빨리 행동하며, 압도당하지 않고 실질적인 진전을 만들어낼 수 있는지 가르쳐준다. 단순한 소비에서 벗어나 이제는 실행하고 싶다면 이 책이 바로 그 길을 알려줄 것이다."

―크리스 더커, 《개인 브랜드 창업가의 증가》, 《버추얼 프리덤》 저자

"《그만 배우기의 기술》은 또 하나의 생산성 관련 책이 아니다. 개인의 성장과 기술 습득 방식을 완전히 바꾸는 패러다임의 전환이다. 끝없는 준비에 매몰되는 대신 영감을 현실로 바꾸는 실행 가능한 청사진을 제시한다. 새로운 불꽃을 일으키고 싶은가? 이 책을 읽어라."

―존 리 두마스, 팟캐스트 〈열정의 창업가들〉 진행자

"나는 정보에 압도당하고 발목 잡히는 게 너무 지겹다. 어떻게 똑똑하게 배우고, 빠르게 행동하며, 성공할 수 있는지 팻은 천재적인 방법을 알려준다. 이 책은 진정한 보물이다."

—마이클 번게이 스태니어, 《좋은 리더가 되고 싶습니까?》 저자

"이 책은 생명줄과 같다. 소음 속에서 자신을 믿고, 원하는 비즈니스와 삶을 만들어가기 위한 정확한 청사진이다."

—에이미 포터필드, 뉴욕타임스 베스트셀러 《투 윅스 노티스》 저자

"《그만 배우기의 기술》은 진짜다. 단순한 요령 대신 꼭 알아야 할 것을 익힐 수 있는 강력한 시스템을 제공한다."

—크리스 길아보, 《100달러로 세상에 뛰어들어라》, 《시간 불안》 저자

그만 배우기의 기술

LEAN LEARNING:

How to Achieve More by Learning Less

by Pat Flynn

Copyright © 2025 by Pat Flynn
All rights reserved.

Korean Translation Copyright © 2026 by Across Publishing Group, Inc.
Korean edition is published by arrangement with Fletcher & Co. through Duran
Kim Agency.

이 책의 한국어판 저작권은 듀란킴 에이전시를 통한
Fletcher & Co.와의 독점계약으로 어크로스출판그룹(주)에 있습니다.
저작권법에 의하여 한국 내에서 보호를 받는 저작물이므로
무단전재와 무단복제를 금합니다.

그만 배우기의 기술

딱 필요한 만큼만 배워서 바로 써먹는 실행의 법칙

팻 플린 지음 김지혜 옮김

어크로스

차례

당신은 이미
너무 많이 알고 있다

제니퍼는 화이트보드 앞에서 깊게 숨을 들이쉬었다. 단어가 몇 개씩 적힌 정사각형 포스트잇들이 가득 붙어 있었다. 그 방엔 16명의 신입 엔지니어들이 모여 앉아, 방금 벌어진 '긴급 사태'에 대한 해결책을 브레인스토밍 중이었다.

그다음 한 시간 동안 제니퍼는 화이트보드에 넘쳐나는 아이디어의 바다를 헤쳐나가며 집중적인 토론을 이끌었다. 목표는 단순했다. 단 하나의 해법을 찾아내 시제품을 만든 다음 문제가 해결될 때까지 반복해서 개선하는 것.

이처럼 인원이 많고 경험이 적은 팀을 이끄는 일은 쉽지 않았다. 하지만 제니퍼는 이런 상황에 훈련되어 있었다. 그녀는 이 신입 엔지니어들을 생산적인 사고 과정으로 이끌 준비가 되어 있었다.

나는 그날 현장에 없었지만 최종 결과물은 보았다. 모든 사람의 기대를 뛰어넘는 결과물에 팀원들은 무척 자랑스러워했다.

나를 포함한 외부인들은 그 결과물에서 혁신의 힘을 느꼈다. 또한 모두가 힘을 합치면 짧은 시간 안에도 얼마나 대단한 결과가 나오는지도 깨달았다.

무엇보다 놀라웠던 건 그 엔지니어팀에 속한 모두의 나이가 다섯 살이 넘지 않았다는 사실이다.

다섯 살 아이들은 설계도를 공부하지 않는다

제니퍼 바실리스 Jennifer Vasilis('제니 선생님')는 우리 아들의 유치원 교사였다. 어느 날, 거대한 개미 떼가 유치원을 점령하면서 아이들은 밖에 나가 캘리포니아의 뜨거운 햇볕 아래에서 점심을 먹어야 하는 상황이 되었다. 제니 선생님은 그날 오후 수업을 잠시 멈추었다.

그리고 아이들과 함께 '어떻게 하면 좋을지' 브레인스토밍을 했다. 아이들이 여기저기서 아이디어를 외치자 제니 선생님은 포스트잇에 하나하나 적어 화이트보드에 붙였다. 매일 "칙필레 Chick-fil-A(미국의 치킨 전문 패스트푸드 프랜차이즈—옮긴이)에 가자" 같은 비현실적인 제안도 있었고, "개미를 먹자" 같은 엉뚱한 아이디어도 나왔다. 그 어떤 생각도 걸러지거나 조롱받지 않았다. 그렇게 '자유롭게 상상할 수 있는 분위기'는 우리가 나이 들어갈수록 잃어버리는 감각이기도 하다. 어느 정도 시간이 흐른 뒤, 제니 선생님은 아이들의 의견을 하나로 모아 '햇빛 가리개를 만들기'로 했다.

그날 저녁, 제니 선생님은 학부모들에게 이메일을 보냈다. 헌 담요, PVC 파이프 등 필요한 물건을 보내달라는 내용이었다. 그리고 다음 날 아침, 유치원 현관 앞에는 물건들이 쌓이기 시작했다. 정확히 무엇이 만들어질지는 상상도 되지 않았다. 하지만 그날 오후 아들을 데리러 갔을 때 아내와 나는 다른 학부모들과 함께 눈앞의 광경에 감탄할 수밖에 없었다.

콘크리트 마당 끝, 작은 놀이터 바로 옆에 거대한 햇빛 가리개가 두 개 서 있었다. 헌 담요로 만든 햇빛 가리개는 높이가 약 2.4미터, 너비는 1.8미터에서 2.4미터 정도였다. 프레임은 PVC 파이프로 짜고, 각 연결 부위는 덕트 테이프로 고정되었으며, 바닥의 모래주머니가 무게중심을 잡아주었다. 그날 점심시간, 이 햇빛 가리개를 작은 테이블 옆으로 옮겨서 아이들은 뜨거운 햇볕을 피해 좀 더 편안하게 밥을 먹을 수 있었다. 가장 '쿨'했던 점은 아이들 스스로 이 햇빛 가리개를 만들었다는 것이다.

어떻게 아이들이 하루 만에 저걸 만들 수 있었을까? 어른들이 흔히 빠지는 함정에 빠지지 않았기 때문이다. 솔직히 말해 나는 수많은 어른이 문제를 해결하려다가 오히려 *너무 많이 생각하고 너무 깊이 따지는 바람에 아무것도 하지 못하는 경우를 수없이 봤다.* 우리 모두 한 번쯤은 그런 경험이 있다. 위원회를 만들고 전문가들을 불러 모아 최적의 방법이 뭔지 논의만 하다 끝나는 경우 말이다.

더 흔한 경우는 이렇다. 우리는 끝없이 콘텐츠를 소비한다. 최신 팟캐스트를 내려 받고, 새로 올라온 영상을 보고, 최신 게시물을 읽는다. 그중 하나쯤은 우리가 찾는 '결정적인 해답'을 줄 거라고 기대하면서. 물론 이런 자료들이 도움이 될 수는 있다. 하지만 대부분은 과도한 정보나 생각으로 이어져 오히려 간단한 결정을 미루게 한다. 그 결정이야말로 우리를 앞으로 나아가게 해줄 유일한 열쇠인데도 말이다.

반면 우리 아들의 유치원 친구들은 명확한 문제 인식에서 출발했다. 문제 해결을 위해 시간을 따로 확보하고 바로 실행에 옮겼다. 아이들은 '완벽한 확신'이 없다는 이유로 무기력해지지 않았다. 해보면서 배우면 된다고 생각했다. 햇빛 가리개에 대해 모든 걸 알고 시작할 필요는 없었다. 시작할 만큼만 알면 충분했다. 나머지는 만들면서 배우면 되니까.

이건 나이에 상관없이 우리 모두에게 꼭 필요한 교훈이다. 우리는 지금 당장 우리에게 가장 절실한 문제를 해결하기 위해 움직일 수 있다. 지금 이 순간부터 우리가 영감을 받은 그 일을 향해 한 걸음 내디딜 수 있다. 기다릴 필요가 없다. 물론 완벽하지는 않을 것이다. 하지만 분명히 그건 '진전'이다.

그날 유치원에서 있었던 일이 우리 아들과 그 친구들에게 얼마나 깊은 영향을 미쳤을지 느껴졌다. 실제 문제에 대해 함께 아이디어를 내고, 그중 하나를 정말 짧은 시간 안에 실천해보는 과정. 어린아이들에게 이보다 더 강력한 배움이 있을까? 이건 단지 유치원 수업으로만 끝날 일이 아니다. 이 아이들은 장차 마주하게 될 수많은 도전 앞에서 이날의 경험을 무의식적으로라도 계속 떠올릴 것이다.

이 장면은 내 학창 시절을 떠올리게도 했다. 대부분의 사람이 그렇듯이 나 역시 정보 그 자체가 가치 있는 것이라 믿으며 자랐다. 실제로 나의 고등학교와 대학교 교육은 '더 많이 알수록 더 성공할 수 있다'는 전제를 기반으로 했다.

과잉 학습자의 고백

본격적으로 시작하기 전에 내 이야기를 조금 해보겠다.

"안녕하세요. 저는 팻입니다. 저는 과잉 학습자over-learner입니다."
(모두 함께) "안녕하세요, 팻."

나는 평생 최대한 많은 정보를 모으기 위해 노력해왔다. 언젠가 이 정보들이 분명 도움이 될 거라고 믿으면서. 다른 애들이 포켓몬 카드를 모을 때(물론 나중엔 나도 모았지만) 나는 정보를 모았다. 그리고 꽤 오랫동안 이 방식은 잘 통했다……. 그러다 어느 순간부터 통하지 않게 되었다.

열심히 일하고 성과를 내는 건 늘 내게 자연스러운 일이었다. 고등학교 때는 평점 4.2를 받기 위해 기를 쓰고 공부했고, UC 버클리에서는 차석으로 졸업했다. 그런데 건축학과를 졸업하고 몇 년 지나지 않은 2008년 경제 위기 때 나는 꿈의 직장에서 해고되었다. 내가 이뤄온 모든 것이 의미를 잃었다. 누구도 나를 고용하지 않았고, 결국 나는 샌디에이고에 있는 부모님 집으로 돌아갔다. 분명 내 비전 보드vision board에는 없었던 미래였다. 스물다섯의 나는 건축에 대해 정말 많은 걸 알고 있었음에도 어린 시절부터 쓰던 내 방의 천장을 바라보며, 답답함에 울고 있었다.

정보는 내게 아무런 힘도 되어주지 못했다.

방의 한쪽 벽에는 예전에 붙여놓았던 블링크-182 Blink-182(1992년

미국에서 결성된 팝 펑크 밴드—옮긴이)와 샌디에이고 파드리스
San Diego Padres(샌디에이고를 연고로 하는 미국 메이저리그 구단으로
박찬호, 김하성, 최지만 선수 등이 거쳐 갔다—옮긴이)의 스티커가,
그 옆에는 부모님이 자랑스럽게 액자에 넣어둔 내 상장과 졸
업장이 있었다. 그 순간, 그동안 내가 쌓아온 지식은 분명 가치
가 있었지만 지금 내 앞에 놓인 현실의 문제들을 해결해줄 수
는 없다는 걸 깨달았다.

내게는 큰 깨달음의 순간이었다. 내가 받아온 교육의 한계를
마주하고는 문제를 해결하고 배우는 방식 자체를 바꿔야 한다
는 걸 인정하게 되었다. 그러나 이 고통스러운 경험이 결국은
내 인생을 통째로 바꿀 자극제가 될 줄은 전혀 몰랐다. 그 일은
나를 자기 탐색과 성장의 여정으로 이끌었고, 그 여정은 내가
믿었던 '배운다'와 '성공한다'라는 말의 의미를 완전히 다시 생
각하게 했다.

다시 일어서기 위해 뭘 해야 할지 고민하면서 나는 무의식적
으로 예전 습관으로 되돌아갔다. 정보를 마치 약처럼 모으기 시
작했다. 미친 듯이, 거의 중독된 사람처럼 지식을 모았다. 잡지,
책, 블로그 글, 인터넷 게시판 글까지 모든 걸 읽고 수집하면서

'이게 앞으로 나아가는 거'라고 믿었다. 배우면 배울수록 더 잘 준비될 거라고 생각했지만 결국 나는 처음 그 자리로 다시 돌아왔다. 아무것도 정리되지 않은 상태로 내 방 침대에 누워서 혼란과 무력감에 휩싸여 있었다.

문제는 내게 지식이 부족한 것이 아니라 지식을 배우는 방식에 있었다는 것을 꽤 오랜 시간이 지나서야 깨달았다. 많은 사람이 그렇듯이 나도 교과서를 읽고 시험을 보고 정답을 외우는 방식으로 학습하도록 훈련받았다. 진짜로 어떤 능력을 익히기 위해 '어떻게 배워야 하는지'를 배운 적은 없었다.

우리는 어른이 되어서도 똑같은 패턴을 반복한다. 뭔가 새롭게 배우는 것에 흥미를 느끼고 자료를 찾고 조금 시도해보다가 금방 성과가 안 보이면 '실패했다'고 느낀다. 그때부터 자신감을 잃고 결국 포기하게 된다.

급격한 변화와 끝없는 선택의 시대에 빠른 적응력은 무엇보다 중요하다. 인공지능의 부상과 디지털 정보의 폭발적인 확장으로 우리의 삶과 일은 완전히 변했다. 당연히 지식을 배우고 활용하는 방식도 함께 바뀌어야 한다. 이 시대에 전통적인 학습 방식만으로는 부족하다.

지금 필요한 건 빠르게 변화하는 세상에 능동적으로 대응할 수 있는 유연하고 전략적인 학습이다. 더 많은 정보나 또 다른 교과서가 필요한 게 아니다. 진짜 필요한 건 제때 필요한 만큼의 정보를 배워서 문제를 제대로 해결하는 것, 그리고 그걸 가능하게 해주는 훈련된 학습 과정이다.

나는 이것을 '린 러닝Lean Learning'이라고 부른다.

린 러닝은 기본으로 돌아가는 학습 방식이다. 어린아이들이 배우는 방식과 비슷하다. 대개는 문제를 해결하기 위해 해당 분야의 모든 걸 알 필요는 없다. 모든 경우의 수를 예측하거나 계산할 필요도 없다. 필요한 건 단 세 가지다.

문제 해결에 꼭 필요한 최소한의 지식, 배운 것을 바로 행동에 옮기는 실행력, 어려움 속에서도 계속 나아갈 수 있는 회복탄력성. 다섯 살 아이도 해내는 일이다. 그렇다면 우리도 할 수 있다.

린 러닝 덕분에 내 삶은 상상도 못 했던 방향으로 바뀌었다. 2008년 나는 건축사 시험 준비를 돕는 첫 사업을 시작했다. 이후 여러 사업을 일구었고, 실제 제품을 내놓았으며, 소프트웨어 회사를 설립했고, 베스트셀러 작가가 되었으며, 지금은 크리에이터 이코노미creator economy(온라인, 모바일에서 콘텐츠 제작자가 자신만의 콘텐츠를 선보이고 수익을 올리는 산업—옮긴이) 분야의 여러 기업과 스타트업 이사회에도 참여하고 있다. 또한 각자의 길을 걷는 수천 명의 창업가가 서로 돕고 함께 성장하는 커뮤니티를 공동 설립했다.

하지만 이건 나만의 특별한 성공 이야기가 아니다. 린 러닝은 배경이나 상황에 무관하게 누구의 삶이든 바꿀 힘을 가지고 있다.

이 책에서는 내가 직접 경험하고 수많은 사람이 효과를 봤던 전략과 사고방식을 소개하려고 한다. 내가 **더 빠르게 배우고, 훨씬 효과적으로 문제를 해결하며, 원하는 삶을 스스로 만들어온 전략과 사고방식이다.** 이제 우리는 지금까지의 학습 방식을 의심해 봐야 한다. 끊임없이 변하는 세상에서 진짜 필요한 건 변화에 유연하게 적응하고 스스로 성장할 수 있는 새로운 학습 방식이다.

하지만 우리가 진정으로 성장하고 성공하고자 할 때마다 아이러니하게도 꼭 마주하게 되는 장애물이 하나 있다. 바로 너무 많아진 정보다.

아는 게 많을수록 대접받던 시대는 끝났다

어린 시절 우리 부모님은 맞벌이를 했다. 방과 후 집에 돌아오면 나는 혼자 문을 열고 들어가 부모님이 퇴근할 때까지 부모님 침실에서 시간을 보내곤 했다. 그 방의 TV가 훨씬 좋았기 때문이다.

팝 타르트Pop-Tart(켈로그에서 만든 다양한 맛의 소가 들어간 과자—옮긴이)를 토스터에 넣고 TV를 켰다. 오후에는 몸에 나쁜 간식을 먹으면서 〈세이브드 바이 더 벨Saved by the Bell〉(미국의 학원 시트콤—옮긴이)을 시청하는 게 내 일상이었다. 몇 시간 뒤 아버지가 퇴근하면 채널은 자연스럽게 아버지의 최애 프로그램 〈제퍼디!Jeopardy!〉(미국의 텔레비전 퀴즈 쇼—옮긴이)로 바뀌었다.

아버지는 긴 하루를 마치고 침대에 누워 있었고, 나는 바닥에 앉아 TV를 올려다봤다. 출연자들이 거의 모든 정답을 아는 걸 보며 질투심이 들기도 했다. 대다수의 문제는 내게 너무 어려웠지만 아주 가끔 정답을 맞히는 날엔 기쁨에 펄쩍펄쩍 뛰었다. 그때도 '무언가를 안다'는 느낌이 얼마나 짜릿하고 기분 좋은지, 어린 마음에도 분명히 느꼈다.

배운다는 것, 안다는 것 자체가 재미있기는 하다. 근처 술집에서 열리는 퀴즈 이벤트에 참여해보면 광범위한 주제에 대해 누가 더 많이 아는지 진지하게 경쟁하는 사람들을 쉽게 볼 수 있다. 잡다한 지식을 많이 아는 건 재밌고 흥미롭다. 하지만…… 지금 우리가 살아가는 복잡한 세상에서 경력을 발전시키거나 실제 문제를 해결하는 데에도 정말 유용할까?

인터넷이 등장하기 전에는 지식 자체가 굉장히 귀한 자산이었다. 더 많이 알수록 더 쓸모 있는 사람으로 인정받았다.

책장에 꽂혀 있는 백과사전은 그 집안의 사회적 지위를 보여주는 상징 같았다. 집 안에 브리태니커 백과사전 전집이 있었다면 아마 중산층 이상이었을 것이다. 그리고 그 전집이 거실과 2층에 각각 한 세트씩 있었다면…… 글쎄, 왕족이라 해도 되지 않았을까. 적어도 우리 같은 평범한 사람들에게는 그렇게 보였다.

하지만 오늘날에는 정보가 더 이상 희소하지 않다. 정보는 언제 어디에나 있으며, 기기만 있으면 누구나 접근할 수 있다. 우리는 24시간 열려 있는 무제한 뷔페에서 무의식중에 과도한 지식을 소비하고 있는 셈이다. 어떤 경우엔 마치 입에 억지로 밀어 넣는 수준이다.

분명 문제가 있다. 우리가 정보를 소비하는 방식은 이웃을 대하는 태도부터 직장에서의 성과 그리고 결국에는 어떤 부모나 배우자가 될지에까지 모든 것에 영향을 준다. 정보는 실제로 우리의 삶을 바꿀 수 있다. 단, 정보를 활용할 때만 그렇다. 계속 소비만 한다면 오히려 엄청난 시간을 낭비하게 된다.

물론 기술 사용과 정신 건강의 관련성을 보여주는 연구는 차고 넘친다. 특히 과도한 스크린 타임, 구석구석 스며 있는 SNS의 영향력, AI의 은근한 개입 등이 정신 건강에 해롭다는 사실은 누구나 알고 있다. 이런 것들은 우리를 점점 고립시키고, 현실 속 인간관계를 약화시키며, 삶의 현재성을 앗아간다. 인터넷과 스크린, SNS에 대한 무제한 접근이 건강에 좋다고 말하는 연구는 단 하나도 없다. 그게 얼마나 해로운지는 이미 잘 알려져 있다. 문제는 알면서도 아무것도 하지 않는 것이다. 이제는 바뀌어야 한다.[1]

여기서 정말 중요한 질문이 하나 있다. 정보가 성공과 행복의 열쇠라면 왜 어떤 사람들은 그렇게 다양한 지식을 갖고서도 여전히 목표를 이루지 못할까?

중요한 건 단순히 답이나 정보를 아는 게 아니다. 그걸 어떻게 활용하느냐, 실행해느냐가 핵심이다. 정보 없이 행동하면 혼란이고, 행동 없이 정보만 있으면 낭비다. **우리의 잠재력을 제대로 끌어내기 위해선 정보와 행동 사이의 완벽한 균형을 찾아야 한다.**

무언가 새롭게 시작하고 싶을 때 필요한 정보는 분명 어딘가에 있다. 하지만 막상 시작하려면 어디서부터 손을 대야 할지, 언제 멈춰야 할지 막막하기만 하다. 결정을 내릴 만큼 충분한 정보란 도대체 어느 정도일까? 누구를 믿어야 할까? 정보가 서로 충돌하거나 오래된 경우엔 어떻게 해야 할까?

게다가 우리가 원하지 않는 정보를 자꾸 밀어 넣는 알고리즘도 문제다. 이 알고리즘은 우리가 그 플랫폼에 더 오래 머물도록 설계되어 있고, 새로운 정보보다는 이미 우리가 믿고 있는 것을 더 강화하는 쪽으로 움직인다. 그래서 진짜 유용하고 다양한 정보를 찾기는 더 어려워졌다. 지금은 단순히 정보를 소비하는 것이 아니라 끊임없이 변하는 복잡한 환경을 효과적으로 탐색할 새로운 기술과 전략이 필요한 시대다.

린 러닝은 원하는 삶을 만들어가는 핵심 열쇠다. 거창한 말 같지만 내 경험상 정말 그렇다. 만약 덜 배우고 더 성공할 방법이 있다면(그게 가능해진다면) 여러분의 삶에 어떤 변화가 일어날까?

그 질문에 답하는 게 바로 이 책의 목적이다.

린 러닝: 그만 배우기의 기술

린 러닝은 전통적인 학습 방식을 넘어선다. 우리가 배운 것을 실시간으로 적용하고 성장을 극대화하기 위해 끊임없이 조정해나가는 방식이다. 주의가 산만해지기 쉬운 이 시대에 최적화된 이 접근법은 단순함과 실용성 속에 그 핵심이 있다.

린 러닝은 네 가지 단계로 구성된다.

1. 지금 달성하고 싶은 목표를 정한다identify.
2. 앞으로 나아가기 위해 꼭 필요한 것만 배운다learn.
3. 배운 것을 바로 실행한다implement.
4. 실행한 내용을 돌아보고 반복하며review and repeat 이해도와 숙
   련도를 높인다.

처음에는 지나치게 단순하거나 뭔가 부족해 보일 수 있다. '이
걸로 충분한가?'라는 의문이 드는 건 자연스러운 일이다. 바로
그 지점이 핵심이다.

우리는 복잡할수록 가치 있다고 믿도록 훈련받아왔다. 그래서
학습 과정조차 불필요하게 복잡하게 만들어버리곤 한다. 하지
만 린 러닝은 효율성에 집중한다. 필요한 만큼만 배우고 그걸
바로 써먹으면서 쓸데없는 디테일에 발목 잡히지 않는 것이다.
과정을 믿고 한 단계씩 밟아가다 보면 단순함과 실행 속에 진
짜 힘이 있다는 사실을 알게 된다. 이 책은 이 과정을 따라가며

'무언가를 안다'는 느낌은 짜릿하다.
하지만 실제 문제를
해결하는 데에도 유용할까?

'무언가를 안다'는 느낌은 짜릿하다.
하지만 실제 문제를
해결하는 데에도 유용할까?

중요한 단계들을 하나씩 짚어줄 것이다.

1장에서는 **영감 과잉**이라는 흔한 문제를 다룬다. 정보가 넘쳐나는 세상에서 어떤 것에 호기심을 갖고 집중할지를 선별하는 능력, 즉 **선택적 호기심**을 익히는 것이 린 러닝의 출발점이다.

2장에서는 **배움의 함정에서 벗어나 시작하는 법**을 다룬다. 말은 쉽지만 실제로 실천하기는 어렵다. 시간이 걸리고 연습도 필요하지만 그만한 가치가 있다. 수동적인 소비에서 능동적인 적용으로 전환될 때 진짜 학습이 시작된다.

3장에서는 **성공을 이끄는 챔피언들**(멘토, 코치, 지지해주는 공동체)을 어떻게 만나고 곁에 둘 것인지에 관해 이야기한다. 이런 사람들이 주변에 있는지 없는지가 똑똑한 고립에서 벗어나 목표 달성을 결정짓는 중요한 차이가 된다.

4장에서는 **소음을 제거하고 적시에 필요한 정보만 배우는 방법**을 다룬다. 방해 요소나 예기치 않은 좌절로부터 학습 성과를 어떻게 보호할지, 그리고 어떻게 대처해야 다시 중심을 잡고 나아갈 수 있을지를 구체적으로 제시한다.

5장에서는 내가 **자발적 강제 장치**라고 부르는 개념을 다룬다. 스스로 선택한 도전을 통해 일정한 압박을 만듦으로써 성장과 기술 습득을 가속하는 방식이다. 즉 내게 도움이 되지만 하기는 싫은 일을 억지로라도 하게 하는 구조를 만드는 것이다. 항상 즐겁지는 않지만, 계속 반복하다 보면 익숙해지고 실력도 늘어난다. 결과가 이를 증명해줄 것이다.

6장에서는 **'밀어붙일 것인지, 방향을 틀 것인지'**라는 오래된 질문을 다룬다. 정기적인 점검과 솔직한 성찰을 통해 현재 상황을 정확히 파악하고 시간과 노력을 최대한 활용한다. 밀어야 열리는 문인지, 당겨야 열리는 문인지도 모른 채 계속 밀어봐야 민망함만 남을 뿐이다.

7장에서는 많은 사람이 오해하고 있는 숙련mastery이라는 개념을 새롭게 정의한다. **마이크로 마스터리**라는 개념을 통해 작지만 꾸준한 진전이 어떻게 누적되어 큰 성과로 이어지는지를 설명한다. 동시에 때로는 대담한 시도 하나로 큰 도약을 할 수 있다는 **퀀텀 리프**의 가능성도 열어둔다. 린 러닝은 얕은 곳에 머무는 것이 아니라 최소한의 노력으로 최대한의 성과를 얻는 방향으로 깊이 파고드는 것이다.

8장에서는 지금까지 배운 내용을 토대로 *배움에서 리더십으로 전환하는 방법*을 다룬다. 많은 사람이 이러한 전환을 위해서는 배워야 한다고 생각하지만 나는 오히려 가르치는 것 자체가 배움의 중요한 일부라고 생각한다. 어떤 기술을 누군가에게 설명하고 전수할 수 있어야 진짜로 그걸 배웠다고 할 수 있다. 가르침은 내가 아는 것을 정리하고 내면화하는 데 큰 도움이 되고, 주변 사람들에게도 더 큰 가치를 주는 방법이다.

각 장은 이 네 단계의 과정을 더 깊이 있게 다루는 동시에 실천 과제, 영감을 주는 이야기, 꼭 필요한 교훈들을 담고 있다.

이 책은 단순히 지식만 알려주는 것이 아니라 그 지식을 지혜와 실천으로 바꾸는 여정까지 알려준다. 이제는 낡은 학습 방식 대신 더 간결하고 효과적인 방식을 받아들여야 할 때다.

몰입하고 성장하라

끊임없이 변화하는 세상에서 뒤처지지 않기 위해 배움은 선택이 아닌 필수가 되었다. 기술과 연결성이 갈수록 성장하는 이 변화무쌍한 환경에는 사실 숨겨진 기회가 있다. 쏟아지는 콘텐츠에 압도당하지 않고 내게 유리하게 활용할 수 있는 시대가 열린 것이다.

얼음 조각, 홈 가드닝, 코딩 등 어떤 기술이든 지금은 손쉽게 배울 수 있다. 여러분이 하고 싶은 어떤 일이든, 여러분에게 떠오른 어떤 아이디어든 이제는 얼마든지 실현할 수 있다. 린 러닝을 통해 기회를 붙잡고 실제 행동에 나설 수 있다. 믿기 어려울 만큼 이상적으로 들릴 수도 있지만, 이건 현실이다. 지금 이 새로운 배움의 세상에서는 불가능한 일이 없다. 정말이다.

나는 더 이상 정보 과잉이나 시작의 두려움에 발목 잡히지 않는다. 대신 작지만 꾸준한 실천이야말로 가장 큰 변화를 만든다는 사실을 배웠다. 어떤 분야, 주제, 기술이든 제대로 익히는 비결이 바로 여기에 있다.

사람들은 어떤 분야에서 전문가가 되려면 수천 시간, 아니 평생을 바쳐야 한다고 믿는다. 하지만 사실 숙련이란 다음에 필요한 단 한 걸음을 그때그때 정확히 밟는 과정을 반복하는 것이다. 그렇게 **연달아 쌓인 작은 성공들이 다음 기회를 열어주고 그**

다음의 배움으로 이어진다. 그렇게 하나하나 축적된 순간들과 교훈들이 모여, 어떤 기술에든 계속 익숙해지고 결국에는 탁월함에 이르게 된다.

나는 이 책에서 새로운 학습 방식을 제안하고 싶다. 언젠가 발생할지도 모를 문제가 아니라 지금 눈앞에 있는 문제를 해결하는 방식이다. 이 방법은 내 삶을 완전히 바꿔놓았고, 여러분의 삶도 바꿔놓을 수 있다.

린 러닝의 사고방식을 받아들이면 더 행복하고 유능한 사람이 될 수 있고, 삶의 모든 영역에서 더 큰 성공을 거둘 수 있다. 누구나 자신의 삶이 더 깊고 의미 있는 목적과 연결되어 있다고 느낄 때 가장 잘 살아간다. 우리는 그렇게 설계되어 있다. 빅터 프랭클이 《죽음의 수용소에서》에서 완벽하게 표현했듯이 "삶이 견딜 수 없는 이유는 환경이 아니라 의미와 목적의 결여 때문이다."

우리는 이것저것 취미를 바꾸고 또 하나의 미완성 프로젝트를 늘려가며 살아간다. 그렇게 살다 보면 삶이 모호하고 공허하게 느껴진다. 그러나 한 가지 목표에 몰입하고 그 과정에서 자신의 성장을 눈으로 확인하게 되면 모든 것이 달라진다.

린 러닝은 우리를 가치 있는 사람으로 만들어줄 뿐만 아니라 삶에 목적을 부여하는 기술까지 가르쳐준다. 단순히 학습 속도를 높이는 것을 넘어, 삶을 더 풍요롭게 만들고 의미 있는 방향으로 더 빠르게 나아가게 한다.

물론 이 한 권의 책이 세상을 바꿀 거라고는 기대하지 않는다. 그러나 우리가 정보를 다루는 방식은 반드시 바뀌어야 한다. 세상은 감당하기 어려운 방향으로 점점 더 빠르고 복잡하게 변하고 있다. 불안과 우울이 늘어나고 위압감이 일상이 된 지금, 끊임없이 쏟아지는 콘텐츠의 홍수 속에서 살아남기 위해서는 완전히 새로운 방식이 필요하다.

이 책이 제안하는 방법은 단지 버티는 것이 아니다. 지금 이 순간 마주한 현실의 문제에 집중함으로써 변화 속에서도 충분히 성장할 수 있도록 돕는 것이다. 여기서 배운 것을 직접 실천해보길 바란다. 나 역시 경험했듯이 지식 자체보다 중요한 건 그 지식을 뒷받침하는 행동이다.

또 하나 바라는 것은 이 책에서 얻은 교훈을 주변에도 나누는 일이다. 지금 우리는 단순한 학습자가 아니다. 우리는 누군가의 스승이고, 영향력 있는 사람이며, 어떤 목적을 향해 나아가는 주체일 수도 있다. 사업가든 교사든 관리자든 부모든 친구든 누구라도 세상에 긍정적인 영향을 줄 기회는 있다. 그리고 진심으로 그러길 바란다.

세상을 바꾸는 힘이라는 말이 낯설게 들릴 수도 있지만 동기부여 연설가 레스 브라운Les Brown은 이런 말을 한 적이 있다. "세상에서 가장 부유한 곳은 묘지다. 그곳엔 이루지 못한 꿈, 쓰이지 못한 책, 불리지 못한 노래, 발표되지 못한 발명, 발견되지 못한 치료법이 묻혀 있다. 누군가가 두려워했기 때문이다."

나는 종종 이런 생각을 해본다.

만약 우리의 지식을 최대한 활용해 진짜 영향력을 만든다면?
이미 갖고 있는 기술을 더 나은 방식으로 사용한다면?
자신을 스스로 의심하지 않는다면?

학습 방식을 다시 배운다면 정말 많은 꿈이 이뤄질 것이다. 더 많은 책이 쓰이고, 더 많은 노래가 불리고, 더 많은 발명이 세상에 나올 것이다. 그 모든 것이 더 이상 묻히지 않고 살아 움직일 것이다. 그렇게 세상은 더 나아질 수밖에 없다. 이것이 바로 이 책이 존재하는 이유다. 내가 린 러닝을 믿는 이유이기도 하다. 여러분이 이 방식을 적용한다면 여러분의 세상은 지금보다 훨씬 더 나아질 것이다.

세상을 바꾸기 위해선 먼저 우리 자신부터 바꿔야 한다. 그리고 그 변화는 아주 익숙한 것, 바로 나 자신을 돌아보는 일에서 시작된다. 계속해서 영감을 받기만 하고 아무 행동도 하지 않는 상태에서 벗어나, 내 삶에, 그리고 다른 사람들의 삶에 진짜 변화를 일으키려면 어떻게 해야 할까? 먼저 목적부터 분명히 해야 한다. 무엇을 이루고 싶은지, 무엇에 책임감 있게 뛰어들지 스스로에게 묻는 것.

린 러닝은 바로 여기서 시작된다. 필요한 것에만 호기심을 가지는 선택적 호기심에서부터.

호기심에도 가지치기가 필요하다: 영감이라는 함정

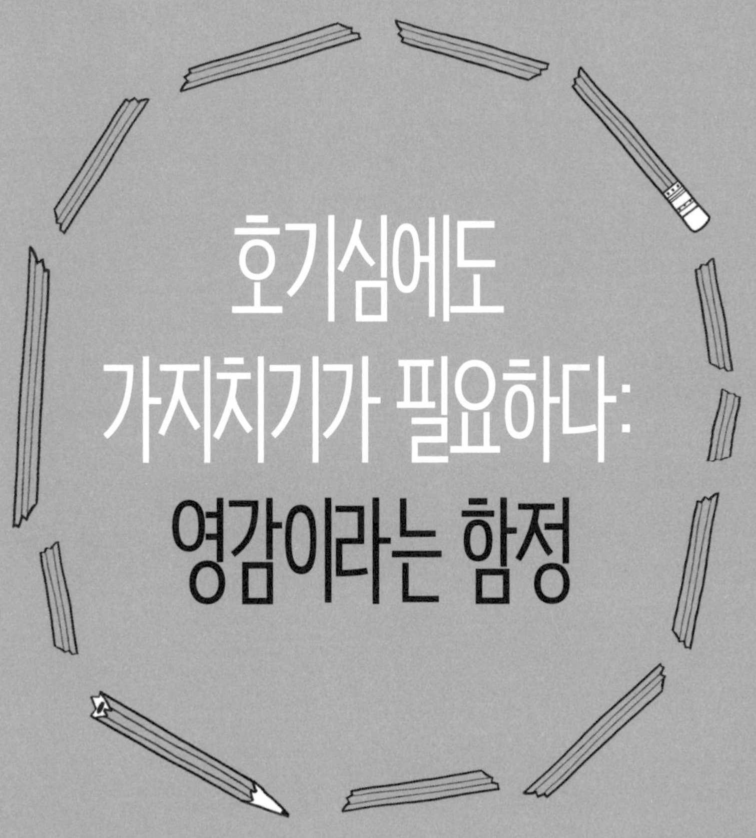

진정한 집중은 '예'라고
말하는 것이 아니라
수백 개의 다른 좋은 아이디어에
'아니오'라고 말하는 것이다.

스티브 잡스
Steve Jobs

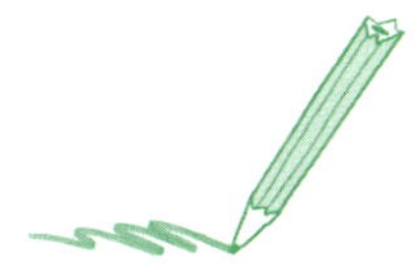

영감은 언제든 어떤 형태로든 예고 없이 찾아온다. 때로는 인스타그램 화면을 무심코 넘기다가 마음을 사로잡는 게시물을 마주하거나 좋아하는 음악이 들려오면서 갑자기 모든 것이 딱 맞아떨어질 때처럼 외부에서 찾아오기도 한다.

분주한 일상이 잠시 멈춘 조용한 여유 시간에 문득 떠오르는 원대한 꿈처럼 내부에서 솟아나는 영감도 있다.

때로 영감은 우연처럼 찾아오기도 한다. 욕실 세면대에 머리를 부딪힌 후 시간 여행을 가능하게 하는 타임머신을 떠올린 〈백 투 더 퓨처〉의 브라운 박사처럼.

영감은 강력한 추진력이 될 수 있지만 동시에 압도적일 수도 있다. 우리는 이미 정보의 홍수 속에 살고 있을 뿐만 아니라 '영감을 주는' 수많은 아이디어 사이에서도 이리저리 휩쓸리고 있다. 이처럼 사방에서 쏟아지는 자극은 '영감 과잉' 상태로 이어지기 쉽고, 지나친 변화의 가능성 속에서 무엇을 따라가야 할지조차 결정하기 어려워진다.

이 장을 읽고 나면, 영감 과잉을 다루는 법을 배우고 구체적인 실행 계획도 갖추게 된다. 시간과 노력을 쏟을 만한 영감을 가려내고, 어디에 에너지를 집중할지에 대한 기준도 더욱 뚜렷해질 것이다.

끝없는 가능성이라는 혼란 속에서 자신만의 선택과 창의적 여정으로 안내하는 명확한 로드맵을 따를 준비를 해보자.

열정 기반 영감

일곱 살 무렵 엄마가 필리핀 음식을 만드는 모습을 마치 마술 쇼를 보듯이 구경했던 기억이 있다. 엄마가 마술사처럼 이런저

런 재료를 냄비에 넣고 마법 가루를 뿌리니 '짠!' 하고 시니강
sinigang(새콤한 맛이 나는 필리핀 국물 요리—옮긴이)이라는 맛있는
수프가 완성되었다.

나중에 알게 되었지만 마법 가루의 정체는 다름 아닌 타마린
드였다. 하지만 그걸 알고 나서도 맛에서 느낀 감동은 변하지
않았다. 특히 밥과 함께 먹으면 정말 최고였다.

그 요리는 정말 마법이었다. 그리고 마법을 눈앞에서 본 일곱
살짜리 아이는 당연히 그걸 직접 해보고 싶어졌다.

망설일 이유가 없었다.

그다음 무슨 일이 벌어졌는지 자세히 설명하지는 않겠다. 어쨌
든 주방은 난장판이 되었다. 부모님이 나를 발견했을 때 이미
주방 곳곳은 밀가루 범벅이었고, 그릇은 모두 나와 있었으며,
다진 생고기는 바닥에 펼쳐진 것은 물론 내 입속에도 들어 있
었다. 아마 충격적인 광경이었을 것이다.

살아남은 게 다행이었다. 그때는 그러면 안 되는 줄 몰랐으니까.

부모님이 내게 '살모넬라'와 '대장균' 같은 새로운 단어들을 알려준 후에야 나는 겨우 이렇게 말했다. "요리 배우고 싶어요."

당시에는 몰랐지만, 그때의 영감과 엉망진창이었던 시도가 결국 지금까지 나를 먹여 살리는 기술의 출발점이 되었다. 요리는 지금도 내게 큰 기쁨을 준다. 특히 누군가와 함께할 때는 더없이 즐겁다.

내 요리 인생은 열정에서 비롯된 영감, 즉 내가 봤던 마법을 재현해보려던 순수한 호기심에서 시작된 것이었다.

이러한 초기의 높은 몰입도는 열정에 기반한 활동에 나타나는 전형적인 모습이다. 깊은 관심이 우리를 주저 없이 새로운 경험으로 뛰어들게 하는 것이다. 하지만 모든 일이 그렇듯이 여기에도 장단점이 있다.

어린 시절에는 거의 모든 것에 자유롭게 호기심을 가질 수 있다. 다양한 운동을 하고, 악기를 배우고, 과학 실험을 해볼 시간이 충분하다. 어떤 경험은 평생 우리의 정체성 일부가 되기도 하고, 어떤 경험은 그저 스쳐 지나가기도 한다. 하지만 결국

열정 기반 영감의 장점	
높은 몰입도	어린 시절 요리에 매료되어 시작했던 시도처럼 열정을 기반으로 한 활동은 몰입도가 높고 즐겁다. 이런 자연스러운 열정은 학습 과정을 깊이 있고 의미 있게 해준다.
지속성	열정은 관심을 오래 유지시켜준다. 내가 지금까지도 요리를 즐기는 것을 보면 한순간의 영감이 평생의 성장, 배움, 보람으로 이어지기도 한다는 것을 알 수 있다.
개인적 만족	열정을 따르며 요리 실력이 늘었다. 게다가 요리는 내 가치관과도 잘 맞았고, 삶에 깊은 만족감과 기쁨을 안겨주었다.

열정 기반 영감의 단점	
자원 분배의 어려움	열정을 유지하면서 학업, 업무, 집안일 등 다른 책임을 병행하기는 쉽지 않다. 열정에 필요한 시간과 자원이 내 역량이나 자원을 넘어서기도 한다.
실용성과의 거리	열정을 좇는 것이 개인의 성장에 도움이 되기는 하지만 꼭 당장의 필요나 이익과 맞아떨어지는 건 아니다. 제한된 시간 속에서 기쁨과 실익 사이의 균형을 따져야 한다.
안주 위험성	좋아하는 영역에 안주하다 보면 더 도전적이고 발전적인 기회를 놓칠 수도 있다.

모든 것이 개개인의 성장을 구성하는 한 조각이 된다.

하지만 어른이 되고 나서 상황은 극적으로 달라진다. 우리는 책임, 일, 가족과 같은 여러 의무를 동시에 감당하며 살아간다. 시간은 늘 부족하고, 주변에서 쏟아지는 자극은 우리의 집중력을 흐트러뜨린다.

이제 우리는 스쳐 지나가는 모든 관심사를 마음껏 탐색할 수 없다. 진정으로 성장하고 새로운 길을 모색하며 다양한 도전을 하고 싶다면, 선택과 집중을 통해 삶의 책임과 조화를 이루면서도 삶을 향상해줄 길을 찾아야 한다.

하지만 때로는 선택의 여지가 없다. 어떤 배움은 열정이 아니라 필요에 의해 시작된다.

필요 기반 영감

누군가 "당신의 인생이 송두리째 바뀐 날이 언제인가요?"라고 물으면 나는 아내와의 첫 데이트 날이라고 답할 것이다. 상대가 야유를 보내고 나면 그제야 나는 이 이야기를 꺼낼 것이다.

2008년 6월 17일. 여느 때와 다르지 않은 평범한 화요일이었다. 나는 건축사무소에 출근해 책상에 앉았다. 그리고 칸막이에 핀으로 고정된 달력을 힐끔 보고는 그 주말에 잡힌 골프 일정을 확인했다. 기대했던 일정이어서 주말까지 더 열심히 일해야겠다는 생각이었다. 하지만 불과 한 시간도 채 되지 않아, 모든 것이 달라졌다.

상사가 나를 사무실로 부르더니 해고 통보를 했다.

그날은 여느 때와 같을 수가 없었다. 내가 출근할 때 품고 있던 그날 하루, 그 주, 그리고 미래의 계획까지 모두 사라졌다. 단 한 시간 만에. 한순간에 나는 직업을 잃고 백수가 되었다. 그건 마법이 아니었다. 냉혹한 현실이었다. 나는 곧바로 롤로덱스_{Rolodex}(그때는 회전식 명함 정리 도구인 롤로덱스를 썼다)에 있는 모든 연락처에 전화를 걸어 일자리를 찾았다.

하지만 이미 늦었다. 경제 위기는 시작되었고 새 일자리는 없었다. 바로 그때 새로운 형태의 영감이 내 삶에 자리 잡기 시작했다. 어쩔 수 없는 상황에서 비롯된 필연적인 영감이었다. 절박한 필요를 성장 가능한 새로운 시도로 바꾸게 만든 계기였다.

결국 해고는 내 삶 전체를 다시 돌아보게 했다. 마법 가루는 없었다. 나만이 아니라 가족의 미래까지 생각하며 오직 앞으로 무엇을 해야 할지 절실하게 고민해야 한다는 필요만이 남아 있었다. 그 절박함이 나를 온라인 비즈니스라는 완전히 새로운 세계로 이끌었다. 아는 것은 거의 없었지만, 반드시 알아내야만 했다. 험난한 여정이었지만, 결국엔 잘 풀려갔다.

팟캐스트, 웹사이트, 소셜 미디어 등을 통해 내 여정을 오랫동안 지켜본 분들이라면 초창기 이야기를 어느 정도 알고 계실 것이다. 하지만 이야기를 처음 듣는 분들이라면, 이렇게만 말해두겠다. 정말 엉망진창이었다. 특히 창업 초기는 더더욱 그랬다.

첫 사업은 실수투성이였고 무엇 하나 매끄럽지 않았다. 하지만 수많은 시행착오 덕분에, 그리고 이 책에서 하나씩 풀어갈 린러닝 덕분에 나는 단순히 해고를 버텨냈을 뿐만 아니라 더 성장할 수 있었다. 그땐 몰랐지만, '어떻게든 해내야 했던' 절박함이 나를 단련시켜서 수년 동안 여러 사업에서 수백만 달러를 벌고 전 세계 수많은 사람을 도울 수 있는 능력을 주었다.

필요에서 시작된 영감의 시기는 내게 소중한 교훈을 하나 남겼다. 익숙한 영역 밖으로 내던져질 때 우리는 자신도 몰랐던 잠재력을 발견할 수 있다. 삶을 결정하는 건 우리 앞에 놓인 어

필요 기반 영감의 장점	
즉각적 적용	습득한 기술과 지식을 곧바로 활용하게 되면서 배움은 실제 필요와 직결된 시의적절한 것임이 드러난다.
문제 해결 중심	이런 형태의 영감은 실질적인 해결책을 요구하기 때문에 순간순간 비판적으로 사고하고 문제를 해결하는 능력이 길러진다.
회복탄력성 강화	창업 초기에 마주하는 수많은 난관을 극복하며 유연하게 적응하고 끝까지 버티는 힘을 자연스럽게 갖추게 된다.

필요 기반 영감의 단점	
높은 압박감	성공해야 한다는 극심한 압박감에 스트레스와 불안이 뒤따른다.
가파른 학습 곡선	흥미 위주로 여유롭게 배울 시간이 없다. 새로운 기술을 빠르게 익혀야 했기에 그 과정은 종종 힘들고 탈진으로 이어지기도 한다.
번아웃 위험	필요에 의한 배움과 문제 해결이 장기화하면 내적 즐거움이 없어서 번아웃되기 쉽다.

려움이 아니다. 정말 중요한 것은 그 어려움에 어떻게 반응하느냐다. 그래서 필요 기반 영감은 비록 원치 않는 형태로 다가올지라도 우리가 성장 전략을 세울 때 반드시 고려해야 할 요소다.

그러면 우리 삶에서 마주하는 때로는 마법 같고 때로는 필수 같은 다양한 영감들을 어떻게 다뤄야 할까? 열정에서 나왔든 필요에서 나왔든, 그 수많은 불씨 하나하나에 얼마나 집중하고, 그것들을 어떤 방향으로 이끌지 어떻게 판단할 수 있을까?

곧 소개할 '영감 매트릭스Inspiration Matrix'는 우리가 떠올리는 영감들을 더 작고 구체적으로 나눌 수 있도록 도와준다. 그러면 무엇에 우선순위를 둘지, 어디에 힘을 쏟을지를 목적에 따라 더 명확하게 정할 수 있다.

열정에서 나온 영감이든 필요에 의해 찾아온 영감이든, 이 매트릭스를 활용하면 각각의 영감이 어디로 이어져야 할지를 파악할 수 있다. 모든 영감을 흘려보내지 않고 최대한 활용하도록 도와주는 것이다. 게다가 시간을 들일 가치가 없는 영감을 알아차리고 더 의미 있는 영감에 시간을 쏟을 수 있게 한다.

지금부터는 이 영감 매트릭스를 어떻게 활용할지 구체적으로 살펴볼 것이다. 즉 다양한 형태의 영감을 균형 있게 관리하고, 자신의 목표와 현재 삶의 조건에 맞는 실행 계획으로 구체화하는 방법을 알아볼 것이다.

무엇을 남기고, 버릴 것인가: '영감 매트릭스'

영감은 열정에서 나오든 필요에 의해 찾아오든, 예상치 못한 형태로 나타난다. 하지만 중요한 건 그 영감을 어떻게 포착하느냐만이 아니라 어떻게 다루고 활용하느냐다. 이때 도움이 되는 도구가 '영감 매트릭스'다. 이 매트릭스는 수많은 영감의 불씨를 구분하고 자신에게 유리하게 활용하도록 돕는다. 아래의 매트릭스를 살펴보자.

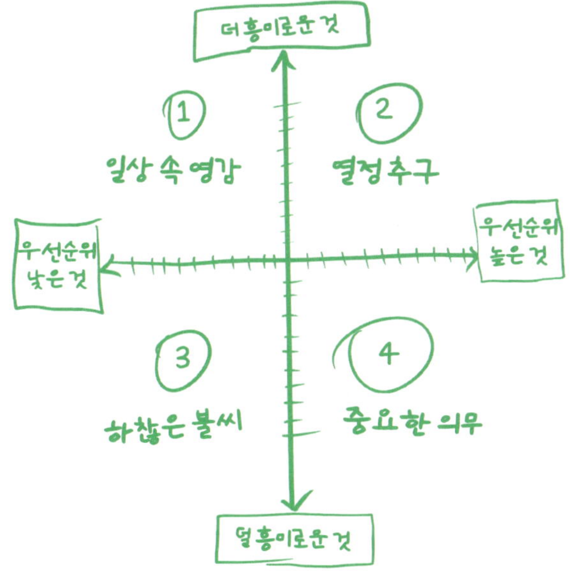

여러분이 떠올리는 모든 아이디어와 영감을 이 매트릭스에 대입해볼 수 있다. 이 매트릭스는 마치 필터처럼 여러분의 한정된 시간과 에너지를 어디에 얼마나 쏟아야 할지 판단하는 데 도움을 줄 것이다.

최근에 얻었던 아이디어나 영감을 하나 떠올려보고, 아래 각 사분면에 대한 설명을 읽어보자.

1. 일상 속 영감

이 사분면에 해당하는 영감을 찾았는가? 그러면 여러분의 삶에 기분 좋은 활기를 더해줄 무언가를 찾아낸 것이다. 이런 활동은 긴 하루나 한 주를 보낸 후 스스로에게 선물처럼 허락하는 일이다. 급하게 할 필요가 없는, 행복을 북돋우고 일상에 잠시 쉼표를 찍어주는 활동들이다. 창의적인 취미를 즐기거나 즉흥적으로 자동차 여행을 떠나거나 열심히 정원을 가꾸거나 책 속에 푹 빠지는 일 등이 여기에 해당한다. 이런 활동은 여러분의 마음을 재정비하고 새롭게 하는 데 큰 도움이 된다.

내 취미 활동은 낚시와 정원 가꾸기다. 디지털 기기나 이메일, 반복되는 일상에서 벗어나 자연 속에서 잠시 쉬어갈 수 있다는 점이 나를 다시 본업으로 이끌어주는 원동력이 된다.

나는 2020년 팬데믹 기간에 정원을 가꾸기 시작했다. 처음엔 그야말로 손을 대는 것마다 죽기만 했다. 나는 아무것도 몰랐다. 하지만 이 '일상 속 영감'은 세상의 혼란에서 벗어나 속도를 늦추고 집중할 기회를 줬다. 그 결과, 채소를 잘 키울 수 있게 되었고 지금도 정원에서 보내는 시간이 매주 루틴에 포함되어 있다.

이 사분면에서 가장 중요한 건 의식적인 선택이다. 다양한 일상적 영감이 많다는 건 풍요로운 삶의 증거일 수 있다. 하지만 너무 많은 활동에 손을 대다 보면 결국 각각을 겉핥기식으로만 경험할 수밖에 없다. 핵심은 넓게가 아니라 깊게 몰입하는 것이다. 삶을 진정으로 풍요롭게 해주는 활동 몇 가지에 집중해야 지치지 않고 꾸준히 지속할 수 있다.

물론 사람마다 다르겠지만, 나의 경험상 주요한 활동 한두 개만 유지하는 게 가장 이상적이다. 그러면 더 깊고 만족스러운 몰입이 가능하고 한정된 에너지도 분산되지 않는다. 인생은 길고 관심사는 변한다. 1, 2년 정도 몇 가지 활동에 깊이 빠져보는 것도 삶의 결을 훨씬 풍성하게 해준다. 그렇다고 평생 그 하나만 해야 할 필요는 없다.

가끔은 자신에게 물어보자. '이 활동이 여전히 내게 기쁨과 휴식을 주고 있는가?' 이 질문이 활동을 계속 이어갈지, 아니면 새로운 방향을 찾을지를 결정해줄 것이다. 한 번에 몇 가지 활동에 깊이 몰입하면, 단지 더 많은 것을 얻는 데서 그치지 않는다. 그 활동 안에서 자신을 확장하고 성장하면서 삶은 더욱 풍부해질 것이다.

이런 영감을 따르는 건 사치가 아니다. 균형 잡힌 삶을 위한 필수 조건이다. 비록 이런 활동이 커리어를 다음 단계로 끌어올려주지는 않더라도 번아웃을 예방하고, 웰빙을 유지하고, 삶을 지속시키는 데 핵심적인 역할을 한다. 처음엔 잘하지 못할 수도 있다. 하지만 바로 이런 활동들이 삶을 생기 있게 해주며, 여러분의 여정을 단지 '목표에 도달하는 것'이 아니라 과정을 즐기는 것으로 만들어준다.

뒤에서는 '일상 속 영감'을 균형 있게 유지하고 보다 깊이 있게 즐길 수 있는 전략도 다룰 것이다. 또한 이런 활동들이 더 중요한 목표를 방해하지 않으면서도 삶에 자연스럽게 녹아들도록 효율적으로 통합하는 방법도 살펴볼 것이다. 그러니 지금은 단 하나만 기억하자. 이런 활동들은 삶에서 중요하며, 린 러닝에서도 핵심이다.

2. 열정 추구

이 사분면에 속하는 활동은 여러분 야망의 중심이다. 단순히 흥미를 끄는 것을 넘어, 여러분 안의 불꽃을 활활 타오르게 하는 프로젝트와 아이디어다.

이런 활동은 열정이나 목적의식과 깊게 맞닿아 있고, 여러분의 핵심, 즉 여러분이 진심으로 중요하게 여기는 가치와 맞물려 있다. 이건 더 이상 '일'처럼 느껴지지 않는다. 시간 가는 줄도 모르고 몰입하고, 아침에 눈을 뜨자마자 어제의 흐름을 이어가고 싶어 벌떡 일어나게 되는 그런 일들이다.

내게 그런 경험은 2017년에 처음 떠오른 발명품인 '스위치팟 SwitchPod'이었다. 당시 영상 촬영자들이 불편하게 여기던 문제를 바꾸고 싶었다. 나 자신도 똑같은 문제를 겪고 있었기에 해결책이 필요했다(자세한 내용은 나중에 다룰 것이다). 결과적으로는 수십만 달러의 이익을 거둔 제품 출시로 이어졌지만, 그 시작은 정말 단순했다. 바로 하나의 문제에 대한 순수한 궁금증이었다. 나와 공동창업자인 케일럽은 처음엔 아무것도 몰랐다. 하지만 정말로 바꾸고 싶었던 게 있었고, 열정 하나면 시작하기에 충분했다. 그 열정은 결국 우리 둘에게 깊은 만족감을 주는 하나의 사업으로 발전했고, 우리 삶을 깊고도 근본적으로 변화시켰다.

나는 '열정'에 투자하라고 단순히 추천하는 것이 아니다. 열정에 투자하는 것은 삶에 반드시 필요한 일이다. 이런 활동은 개인적인 충만함을 안겨줄 뿐 아니라 여러분이 이룰 수 있는 의미 있는 성과의 가능성까지 품고 있다. 그리고 그 성과는 결국 주변 세상에 파급효과를 불러올 수 있다.

물론 열정을 추구할 때는 몇 가지 주의할 점이 있다. 여러 분야에 관심을 두는 것도 좋지만 몇 가지 열정에만 집중하는 것이 오히려 더 효과적일 수 있다. 그러면 학습 범위가 좁아지고, 시간을 더욱 전략적으로 쓸 수 있으며, 새로운 기술도 빨리 익힐 수 있다.

이 책에서는 삶 속의 수많은 요구를 놓치지 않으면서도 여러분의 열정에 시간을 쏟을 수 있는 전략들을 살펴볼 것이다. 책임과 열정 사이에서 균형을 잡는 것은 일종의 예술이다. 나는 여러분이 그 균형을 잘 다루도록 도와주고 싶다.

3. 하찮은 불씨

반짝이는 모든 것에 주목할 만한 가치가 있는 건 아니다. '하찮은 불씨'는 잠깐의 흥밋거리가 될 수는 있지만, 실제로는 별다른 가치를 주지 못하고 오히려 여러분을 목표에서 크게 벗어나게 하는 방해 요소다. 겉보기에는 가능성과 매력으로 반짝이는 듯하지만 자세히 들여다보면 지속적인 성과나 의미는 거의 없다.

이런 불씨를 인지하면서도 거기 휘둘리지 않는 태도가 중요하다. 여러분의 시간과 자원을 진짜 중요한 일에 집중하기 위해서라도 이런 하찮은 불씨에는 단호하게 '아니오'를 외칠 수 있어야 한다. 그것이 열정 추구에 '예'를 외치는 것만큼이나 중요하다. 이 범주에 들어가는 것들은 과감히 버리는 것이 좋다. 정원을 가꿀 때 가지치기가 중요하듯이 주의를 분산시키는 것들을 정리해야 진짜 중요한 것에 집중력과 생산성을 발휘할 수 있다.

이 사분면은 오늘날 많은 사람에게 특히 활발하게 작동하는 영역이다. 정보에 쉽게 접근할 수 있고, 다른 사람들의 이야기와 성취를 끊임없이 접하게 되는 환경 속에서 살아가고 있기 때문이다. 우리는 본래 다른 사람들이 무엇을 하는지를 보고 그걸 원하는 경향이 있다. 이미 가진 것을 충분히 누리기보다는 남이 가진 것을 따라잡고 싶어지는 게 인간 본성일지도 모른다. 그래서 우리가 얼마나 자주, 얼마나 쉽게 다양한 방향으로 끌려다니고 있는지를 인식할 필요가 있다.

그러고 나서 당당하게 이렇게 말할 수 있어야 한다. *"오, 멋지긴 한데, 그건 내 길은 아니야."*

정말 많은 것에서 영감을 받는 내가 보기에 이 사분면은 가장 많은 항목으로 채워져 있다. 예를 들면 다음과 같은 것들이다.

- 2010년에 시작한 소프트웨어 프로젝트. 결국 아무 결과도 내지 못했다(이 이야기는 나중에 더 자세히 할 것이다).
- 트위치Twitch(글로벌 라이브 스트리밍 플랫폼—옮긴이)에서 게임 방송을 시작했던 것(포트나이트Fortnite 같은 게임을 좋아했고 프로게이머가 되고 싶었지만, 결국 되지 못했다).
- 밀 키트를 출시하려던 것(내게도 밀 키트가 필요했고 나 같은 사람들과 조리법을 공유하면 좋겠다는 생각이 들었지만, 결과는 그리 좋지 않았다).
- 이케아IKEA 가구의 조립을 도와주는 영상 채널을 만든 것(조립 설명서를 이해하기가 정말 어렵지 않나요?).
- 무선 이어폰 리뷰 사이트를 만든 것.
- 친구를 한번 도와주고는 소질이 있어 보여 로고 디자이너가 되려고 했던 것.
- 그리고…… 이외에도 정말 많다.

말할 필요도 없겠지만, 이 중 어떤 것도 큰 성과로 이어지진 않았다(혹시 제 이케아 가구 조립 채널을 우연히 본 세 분 중 한 분이라면…… 반갑습니다!). 하지만 시간이 지나면서 나도 이런 충동을 어느 정도 제어할 수 있게 되었다. 여러분도 어떻게 이런 충동을 조절하고 집중력을 유지할 수 있는지 배울 것이다.

무작위로 떠오른 아이디어는 대개 하찮은 불씨에 불과하다. 이걸 제어하지 않으면, 방금 눈에 들어온 새로운 것에 매번 흔들리며 시간과 에너지를 끝없이 소모하게 된다. 그래서 학습 속도를 높이기 위해서는 '아니오'라고 말하는 법을 반드시 익혀야 한다. 우리가 무언가에 '예'를 외칠 때마다 그 이외의 다른 모든 것에는 '아니오'를 외치고 있는 셈이니까. 거절의 기술을 익힌다는 건 진짜 중요한 일들에 다시 집중하겠다는 다짐이기도 하다. 다음 질문을 스스로에게 던져보자.

- 이게 정말 내 삶에 가치를 더하는가, 아니면 단지 지금 유행하거나 눈에 띄어서 매력적으로 보이는 것인가?
- 이 유혹에 빠지는 대가로 나는 무엇을 희생하고 있는가?
- 이건 내 장기적인 목표와 가치에 들어맞는가, 아니면 그냥 잠깐의 기분 전환일 뿐인가?

이런 질문들을 습관화하면 시간과 에너지를 지킬 수 있을 뿐

만 아니라 여러분의 핵심 관심사와 열망에 맞는 일에 집중할
수 있게 된다.

4. 중요한 의무

이런 일들은 화려하거나 재미있지는 않지만, 삶의 안정과 성공
에 반드시 필요하다. 세금 신고, 필수 교육 참석, 일상의 운영
관리 등은 여러분이 어떤 영역에 있든 그 기반을 다지기 위해
꼭 필요한 의무다. 이런 과제들은 흥미보다는 책임감과 효율성
을 가지고 접근하는 것이 중요하다. 그래야 자신의 역할을 충
실히 해내는 동시에 다른 열정적인 활동에도 뛰어들 수 있다.

요즘 내게 중요한 의무는 상속 계획과 유언장 업데이트다. 혹
시라도 나나 아내에게 어떤 일이 생겼을 때를 대비해 모든 서
류를 제대로 정리해두는 게 내게는 중요하다. 재미있지는 않지
만, 확실히 필요하다.

거절의 기술을 익힌다는 건
진짜 중요한 일들에
다시 집중하겠다는 다짐이기도 하다.

연습:나만의 영감 매트릭스 만들기

이제 여러분도 영감 매트릭스가 어떻게 작동하는지 이해했을 것이다. 그렇다면 이제 직접 활용해볼 차례다. 당장 앞으로 나아가기 전에 현재 자신이 어디에 서 있는지를 정확히 파악해야 한다.

다음에 소개할 연습을 통해 지금 여러분이 하는 모든 프로젝트와 활동을 체계적으로 정리하고 점검해보자. 나만의 영감 매트릭스를 만들어보면 지금 어디에 에너지를 집중하고 있는지 한눈에 보이고, 또 어떤 부분이 부족하거나 조정이 필요한지도 명확히 드러날 것이다.

1. 현재 하는 일을 모두 적어보자. 현재 진행 중인 프로젝트, 업무, 취미, 그리고 일상의 모든 활동을 솔직하게, 빠짐없이 목록으로 작성해보자.

2. 각각의 활동을 네 가지 범주로 분류하자. 영감 매트릭스를 참고해서 각각의 활동을 사분면에 배치해보자.

- 열정 추구
- 중요한 의무
- 일상 속 영감
- 하찮은 불씨

그 활동이 얼마나 설레는지, 여러분의 목표 달성에 얼마나 중요한지를 기준으로 가장 적절한 위치에 넣어주는 것이 핵심이다. 자기 자신에게 솔직해지는 것을 잊지 말자.

3. 시각적으로 정리해보자. 큰 종이에 사분면을 그리거나 디지털 도구를 활용해도 좋다. 각 활동을 사분면에 배치하면 여러분의 현재 삶에서 어디에 에너지가 집중되고 있는지 한눈에 확인할 수 있다.

4. 완성된 매트릭스를 들여다보며 스스로에게 질문해보자. 특정 사분면에 활동이 몰려 있지는 않은가? 어떤 영역은 거의 비어 있지 않은가? 이 과정을 통해 여러분이 어디에 지나치게 힘을 쏟고 있는지, 그리고 어디에 더 많은 에너지와 관심이 필요한지 명확하게 드러날 것이다.

영감 매트릭스를 완성했다면 현재의 관심사와 몰두하고 있는 일들을 한눈에 볼 수 있을 것이다. 하지만 어떤 것에 더 집중하고, 어떤 것을 과감히 내려놓을지는 미래를 내다보며 판단해야 한다. 지금 하고 있는 일들이 앞으로 어떤 결과를 낼지, 또 앞으로 어떤 새로운 영감들이 여러분의 삶에 들어올지를 함께 살펴볼 준비가 되었는가? 이제는 앞으로 펼쳐질 가능성의 세계로 한 걸음 들어가서 소중한 시간과 에너지를 어디에 집중해야 할지를 현명하게 결정해보자.

시간여행 사고실험

비전 보드, 5개년 계획, 전략 로드맵 같은 도구들은 미래 설계의 필수 무기처럼 여겨진다. 우리가 바라는 모습을 그려보고 거기 다가가기 위한 경로를 제시해주기 때문이다. 하지만 내 경험상 이런 방식들이 의도를 정리하는 데는 효과적일지 몰라도 실제로 성공적인 미래에 가까워지게 해주지는 않는다. 그렇다면 계획과 현실 사이의 틈을 어떻게 메울 수 있을까?

내가 찾은 가장 효과적인 방법은 단순히 미래를 상상하는 데에서 그치지 않고, 실제로 그 미래를 '찾아가 보는' 것이다. 이건 단순한 시각화 기법이 아니다. 목표를 이룬 후의 삶까지 엿보는, 말 그대로 '미래의 나'에게 다녀오는 시간여행이다. 이 사고실험이 특별한 이유는 우리가 단순히 성공이라는 출발선에 서는 데에 그치지 않고 그 너머까지 보게 하기 때문이다. **목표를 달성한 다음 삶은 어떻게 달라져 있을까? 그 이후엔 어떤 감정과 책임, 변화가 찾아올까?**

이 연습은 SPI 커뮤니티 안에서 특히 효과가 뛰어났다. SPI는 '스마트 패시브 인컴Smart Passive Income'의 약자로서 2008년에 내가 비즈니스 관련 경험을 기록하고 다른 사람들과 공유하기 위해 만든 블로그에서 시작된 브랜드다. 2020년부터는 브랜드가 커뮤니티 중심으로 전환되었다. 비슷한 생각을 지닌 사람들과 함께할 때 성공 가능성이 훨씬 높다는 점을 데이터로 확인했기 때문이다. 우리는 아이디어 발굴부터 팟캐스트·유튜브·이메일 리스트 만들기, 수익화, 팀 성장까지 사업의 모든 측면을 가르치지만 그중에서도 사람들이 가장 강력하게 반응하는 건 바로 마인드셋mindset 훈련이다.

나는 이 시간여행 사고실험을 커뮤니티 구성원들과 수강생들에게 자주 알려주곤 한다. 이 연습은 늘 다양한 깨달음을 안겨주고, 오늘의 선택이 미래에 어떤 결과를 가져올지에 대한 깊은 통찰을 준다.

가끔 수강생은 자신이 현재 가지고 있는 사업 아이디어가 성공하더라도 자신의 행복이나 만족으로 이어지지 않을 거라는 사실을 깨닫게 된다. 한동안 가슴 설레며 준비해온 길이 사실은 자신에게 맞지 않는다는 걸 깨닫는 순간은 충격적이다. 하지만 그걸 미리 알아차리는 것은 축복이기도 하다. 수많은 사람이 열심히 사다리를 올라가 정점에 다다른 뒤에야 그 사다리가 애초에 잘못된 벽에 기대어 있었다는 사실을 알게 된다. 물론 방향을 바꾸기에 늦은 때란 없다. 하지만 최대한 빨리 자신이 가고자 하는 방향을 깨닫는 것이 훨씬 유리하다.

반대로 미래로의 여행이 오히려 지금의 방향성을 더 확신하게 해주는 경우도 있다. 그러면 새로운 에너지를 얻어 목표와 맞지 않는 하찮은 불씨들을 훨씬 쉽게 걷어낼 수 있게 된다.

그래서 어떤 길을 선택하기 전에 그 선택이 어디로 이어질지 미리 그려보는 것이 중요하다. 그 시간여행을 연습해보자.

1. 영감 매트릭스에서 하나의 영감을 고른다. 지금 이 순간 가장 호기심이 가는 항목, 앞으로 내 삶에 어떤 영향을 미칠지 궁금한 대상을 선택하라.

2. 영화 〈백 투 더 퓨처〉에 나오는 들로리언DeLorean 타임머신 자동차에 탄다고 상상해본다.

3. 목적지를 1년 후로 설정한다. 가속 페달을 밟아 시속 300킬로미터에 도달하면 푸른 번개 에너지가 여러분을 감싸며 1년 후의 미래로 이동하게 된다. 그 미래는 방금 선택한 영감이 모든 면에서 완벽하게 성공한 상태다.

4. 그 미래에 도달했다고 상상하며 다음 질문들에 답해보자.
- 지금 여러분의 일상은 어떤 모습인가?
- 여러분은 목표에 더 가까워졌는가?
- 주변에 어떤 사람들이 있고, 어떤 활동을 함께하고 있는가?
- 이 길을 택하면서 포기한 다른 선택지들에 대한 후회는 얼마나 드는가?
- 이 미래에서 가장 설레는 부분은 무엇인가?

5. 미래에서 얻은 통찰을 바탕으로 현재로 돌아온다. 혹은 다른 영감을 가지고 다시 한번 연습해보라. 여러분에겐 무제한의 '플루토늄'(들로리언의 동력원이 플루토늄 원자력 전지다―옮긴이)이 있다는 것을 기억하자. 다양한 미래를 마음껏 탐색해도 된다.

이 접근법은 많은 사람에게 변화를 가져다주었다. 내 수강생이었던 앤드루 보스트Andrew Borst는 처음엔 창업을 망설였다. 장애인 복지 수당을 잃게 될까 걱정했기 때문이다. 하지만 이 연습을 통해 미래를 그려본 그는 더 큰 성취감과 만족감을 얻은 자기 모습을 떠올렸다. 그 목표는 새로운 이정표가 되었다.

현재 앤드루는 '컨설트어블라인드가이닷컴ConsultaBlindGuy.com'이라는 사이트를 운영하면서 시각장애인들을 돕고 있다. 그는 이 사이트의 성공으로 복지 수당을 넘어서는 수입도 달성했다. 내 아이들도 앞으로 어떤 교육과정을 밟을지, 어떤 과외 활동을 선택할지를 고민할 때 이 방법을 활용한다. 우리가 원하는 미래의 성공과 그에 따른 삶의 모습을 구체적으로 상상해보면, 그에 맞는 선택을 더 현명하게 내릴 수 있다. 진정으로 바라는 삶과 장기적인 행복에 들어맞는 방향을 찾을 수 있기 때문이다.

하지만 때로는 상상 속의 미래에 도달한 사람들이 그토록 원했던 삶이 기대만큼 기쁘지 않다는 사실을 깨닫기도 한다. 나 역시 인생의 결정적인 순간, 중요한 갈림길에서 그런 경험을 했다.

2010년대 초반 나는 한 호스팅 회사의 CEO 자리를 제안받았다. 서류상으로는 매우 매력적인 기회였다. 높은 연봉과 넓은 사무실에 규모 있는 팀을 이끄는 자리였기 때문이다. 하지만 그 미래로 '여행'을 떠나보았을 때 그 삶이 내 근본적인 가치나 목표와는 맞지 않는다는 걸 깨달았다. 내가 상상한 그 삶은 별로 매력적이지 않은 주에 살면서 매일 정장을 입고, 회사 일 외에는 창의적인 프로젝트나 가족과 보내는 시간이 전혀 없는 모습이었다.

그 미래를 엿본 덕분에 나는 이 길에 돈과 명예는 따르겠지만 내가 가장 소중히 여기는 개인적, 창의적 자유는 제한받으리라는 걸 분명히 알 수 있었다. 제안을 거절하는 건 어려운 선택이 아니었다. 내게 맞지 않는 미래를 미리 피할 기회였다.

이 사고실험이 말 그대로 어떤 미래를 보장해줄까? 물론 아니다. 하지만 그게 핵심은 아니다. 비전 보드나 로드맵의 핵심도 마찬가지다. 중요한 건 이 과정을 통해 **수많은 가능성 속에서 잡음을 걸러낼 수 있다는 점이다.** 여러분이 진심으로 끌리는 영감들에 의지할수록 각각의 영감에 더 많은 시간과 주의를 기울이게 된다. 그렇게 우리는 진짜 원하는 미래를 향해 조금씩 방향을 틀게 된다. 그래서 어떤 미래를 원하는지 명확히 아는 것이 중요하다.

이렇게 다양한 가능성을 탐색하고 시간여행을 통해 영감이 가진 잠재력을 이해했다면, 이제 다음 단계는 '결심'이다.

결심은 가능성과 현실 사이를 잇는 다리다. 초기 단계를 정하고, 실현 가능한 목표를 세우고, 얼마의 시간과 자원을 쓸지 결정한 뒤에 주기적으로 다시 점검하는 것, 이것이 바로 결심의 과정이다. 이 과정을 거쳐야 비로소 우리의 에너지가 헛되이 소모되지 않고, 원하는 삶에 점점 가까워질 수 있다.

수동적 영감에서 능동적 호기심으로

영감과 실행 사이에는 거대한 틈이 있다. 어떤 일에 '영감을 받았다'는 사람과 실제로 그것을 행동에 옮긴 사람의 수를 비교하면 그 차이는 실망스러운 수준이다.

심리학자 리처드 와이즈먼Richard Wiseman의 연구에 따르면, 새해 목표를 세운 사람 중 88퍼센트가 결국 실패한다. 처음에는 52퍼센트가 성공을 확신했다는 사실을 보면, 이건 단순히 '의지력'의 문제가 아니다. 목표와 결심을 대하는 방식에 문제가 있다는 뜻이다.[1]

사실 약간의 체계만 있어도 목표를 달성할 확률은 크게 높아진다. 실제로 우리 SPI 커뮤니티 수강생들이 이 책에 소개한 전략들을 적용했을 때 목표 달성률은 평균보다 37퍼센트 더 높아졌다. 우리는 그 변화의 순간들을 직접 봐왔다.

하지만 그 이야기를 하기에는 아직 이르다. 진짜 성공은 실행 계획이나 구체적인 전략 이전에 시작된다. 먼저 여러분이 올바른 방향으로 가고 있는지부터 확인해야 한다. 열린 마음으로 배우고 진심을 담아 노력할 준비가 되어 있어야 한다.

지금쯤이면 여러분은 아마 설렘과 의구심이 뒤섞인 복잡한 감정을 느끼고 있을지 모른다. 지금이 과연 적기일까? 내가 정말 이걸 해낼 수 있을까? 이 길이 정말 나에게 맞는 길일까? 이런 질문들이 머릿속을 맴도는 건 당연하다. 나는 이런 의심들을 수없이 마주해왔고 직접 겪어보기도 했다.

이제 그중 몇 가지를 함께 들여다보자.

**"이 영감이 그냥 일시적인 흥미인지,
 아니면 진지하게 몰두할 가치가 있는 일인지
 어떻게 알 수 있을까?"**

앞서 소개한 연습을 이미 해봤는데도 여전히 이런 질문이 떠오르는가? 그러면 여러분은 정말 시간을 낭비하고 싶지 않은 것이다. 그 마음 충분히 이해한다.

하지만 진실을 말하자면, 시간을 가장 낭비하는 방법은 지나치게 고민하고, 너무 많이 배우고, 시작하기 전에 질문만 계속 던지는 것이다. 진지하게 몰두할 만한 일인지 알 수 있는 유일한 방법은 *결심하고 움직이는 것이다.* 다른 방법은 없다.

자신에게 맞지 않는 길이었다는 걸 깨닫는 건 **실패가 아니라 통찰이다.** 어떤 일에 대한 열정이 사라졌다고 해서 그게 실패라는 뜻은 아니다. 그건 방향을 새로 잡아야 한다는 신호다. 틀린 길을 고집하는 것보다는 초기에 방향을 전환하는 편이 훨씬 낫다. 앞으로의 여정 속에서 일정한 시점마다 점검하는 시간을 가질 것이다. 그때마다 자신이 올바른 방향으로 가고 있는지 살피고, 필요하다면 과감하게 방향을 바꿔야 한다. 이렇게 진짜 열정을 불러일으키는 일에 자신의 에너지를 계속 맞춰나가는 것, 그게 중요하다.

기억하자. 옆길로 샌 걸음 하나하나도 다 소중한 배움과 명확함을 가져다준다. 잠깐의 실수든 진로 변경이든, 결국엔 여러분이 진짜 원하는 게 뭔지 더 잘 알게 하는 기회가 된다. 무엇보다 중요한 건 각각의 영감에 일정 시간 진지하게 몰입해보는 것이다. 새로운 길을 충분히 탐색할 수 있도록 스스로에게 여유를 허락하고 만약 열정이 점점 식는 게 느껴진다면 그때는 놓아주는 것도 용기다.

열정이 사그라지는 게 느껴지면 아래 질문들을 스스로에게 던져보자.

1. 내 흥미나 상황에 어떤 변화가 있었는가?
2. 이 길이 나와 맞지 않았던 이유에서 내가 배운 건 무엇인가?
3. 이 통찰을 다음 도전에는 어떻게 적용할 수 있을까?

이렇게 되돌아보는 과정은 단순히 '이 길은 아니다'를 알아내는 데서 끝나지 않는다. 앞으로 어떤 길을 어떻게 걸어야 할지 더 잘 알아가는 과정이다. 자신의 열정과 헌신을 진짜로 불러일으키는 것이 뭔지를 찾아가는 여정을 즐겨보자. 그 과정에서 마주치는 '실패처럼 보이는 순간들'조차 결국엔 성장과 자기 발견을 위한 강력한 도구로 바뀔 수 있다.

**"다른 일도 많은데, 새로운 도전에 현실적으로
 얼마나 시간을 투자해야 할까?"**

새로운 일에 얼마만큼의 시간을 쓸 수 있을지는 전적으로 여러분의 현재 상황과 열망에 달려 있다. 각자의 사정과 여유 시간이 다르므로, 중요한 건 그 시간을 어떻게 우선순위에 따라 배분하느냐다. 그리고 이건 그 새로운 활동이 여러분의 영감 매트릭스에서 어디에 위치하느냐에 따라 달라진다.

만약 그 일이 '열정 추구'에 해당한다면 조금 힘들더라도 시간표를 다시 짜보는 게 좋다. 아침 일찍, 밤늦게, 혹은 주말에라도 시도해볼 만하다. 특히 집중해야 하는 초기에는 덜 중요한 일들을 과감히 줄여보는 것도 방법이다.

새로운 활동에 따르는 기쁨뿐만 아니라 어려움까지 겪어보며 그 일이 장기적으로도 지속 가능한지 판단하려면 어느 정도 시간이 필요하다. 구체적인 기간은 사람마다 다르지만 내 경험상 6개월 정도 진지하게 해당 활동을 해보는 것이 판단에 가장 도움이 되었다.

예를 들어, 내가 첫 책을 쓰기로 한 건 명백히 내 열정 추구였다. 그래서 결심했다. '이건 일부러 시간을 만들지 않으면 절대 해낼 수 없겠구나.' 내가 선택한 방법은 매일 밤 TV를 보던 한 시간을 포기하는 대신 아침에 가족이 일어나기 전에 한 시간 동안 책을 쓰는 것이었다. 몇 달간 이 루틴을 이어갔고 결국 책이 완성되었다. 지금 돌아보면 그때 본 TV 프로그램이 뭐였는지는 하나도 기억나지 않지만 그 한 시간을 투자해 완성한 책은 지금까지도 수많은 사람의 삶에 영향을 주고 있다. 확실히 아주 값진 선택이었다.

팟캐스트도 하나의 예다. 2010년 나는 팟캐스트를 시작하면서 기간으로는 6개월, 편수로는 20편 정도의 에피소드만 만들어보고 이걸 계속할지 말지를 결정하기로 했다. 그런데 열 편 정도 만들고 나서 이미 너무 좋아져버렸다. 청취자들로부터 긍정적인 피드백을 많이 받았고, 그 덕분에 '아, 이건 멈출 수 없겠구나'라는 확신이 들었다. 물론 처음 몇 편을 만들 땐 그만두고 싶었던 순간도 많았다. '이게 다 무슨 소용이람……' 하는 생각도 여러 번 했다. 하지만 지금은 여러 개의 팟캐스트를 합쳐 2000편이 넘는 에피소드를 만들었다. 그리고 이 하나의 선택이 내 삶을 여러 방면에서 완전히 바꿔놓았다. 정말 끝까지 해보길 잘했다.

반면 어떤 새로운 관심사가 '일상 속 영감'의 영역에 있다면 좀 더 유연하게 시간을 배분해도 된다. 이런 활동은 삶에 즐거움과 여유를 더하는 것이 핵심이기 때문이다. 다만 불필요한 스트레스를 받거나 다른 중요한 일을 희생시켜서는 안 된다. 그저 일주일에 몇 시간 정도 기존 일정과 자연스럽게 어우러질 수 있는 시간대에 넣으면 충분하다. 생활의 리듬을 해치지 않는 선에서 삶을 좀 더 윤택하게 만들어주는 것이 바로 일상 속 영감의 역할이다.

어떤 경우든 핵심은 '우선순위'다. 지금 여러분의 가치관과 장기 목표에 맞춰 선택을 하는 것이 중요하다. 스스로에게 이런 질문들을 던져보자.

1. "이 활동은 지금 내 삶에 어떤 방식으로 들어맞는가?"

이미 하고 있는 일들이 있다면 그것 역시 존중해야 한다. 누구에게나 감당해야 할 의무와 책임이 있다. 그걸 인정하면서도 새로운 무언가를 위해 공간을 조금씩 만들어보는 게 포인트다.

2. "새로운 관심사를 위해 내가 포기할 수 있는 건 뭘까?"

우리에게는 하루 24시간만 주어진다. 무언가 새로운 걸 받아들이는 순간 결국 다른 무언가를 포기해야 한다. 그래서 중요한 건 기존 의무를 끝까지 해나가야 할 때와 새로운 걸 받아들여야 할 순간을 파악하는 것이다.

3. "이 활동은 나의 더 큰 목표에 어떤 식으로 이바지하는가?"

모든 활동에는 목적이 있고 비용이 든다. 삶에 새로운 활동을 들일 때는 그 이유를 분명히 알고 있어야 하고, 그것이 궁극적으로 어디로 이어질지도 생각해봐야 한다(6장에서 더 자세히 다룬다).

이 세 가지 질문에 진지하게 답해보면 각 활동에 대해 어느 정도의 몰입이 적절한지 판단할 수 있다. 이런 접근 방식은 시간을 더 현명하게 쓰도록 돕고 진짜 중요한 영역에서 꾸준한 성장을 이루는 동시에 삶의 여러 면에서 균형을 유지할 수 있게 한다.

여러 가지 영감을 동시에 추구해도 괜찮을까, 아니면 하나에만 집중해야 할까?

동시에 여러 영감을 좇는 것도 가능하다. 하지만 핵심은 자원을 얼마나 잘 관리하느냐다. 체력과 시간, 에너지를 잘 분배하지 않으면 금방 번아웃에 빠진다. 반면 하나의 영감에 집중하면 몰입의 깊이가 훨씬 커지고 그만큼 더 큰 진전도 기대할 수 있다.

말처럼 쉬운 일은 아니다. 자신이 감당할 수 있는 범위에 대해 냉정하게 따져보는 것이 가장 중요하다. 욕심을 부리다 보면 모든 시도가 흐지부지되고 결과물의 질도 낮아질 수 있다. 나처럼 다양한 분야에 관심도 호기심도 많은 사람들을 위한 전략은 뒤에서 다룰 예정이다.

특정 영감을 따라가기로 마음먹었다면
가장 먼저 무엇을 해야 할까?

지금 당장 시작하고 싶어 안달이 났을지도 모른다. 좋다. 바로 그 마음이 필요하다. 가장 먼저 해야 할 일은 다음 장에서 자세히 소개할 것이다. 성공 가능성을 높여줄 핵심 전략이다. 기억하자. 불꽃 하나만으로는 불을 피울 수 없다. 그 불꽃을 타오르게 할 연료와 조건이 필요하다. 초기의 행동들은 그 영감을 위한 불쏘시개다. 불이 붙고 유지될 수 있도록 신중하게 선택하고 적절히 배치해야 한다.

우리가 수동적인 영감 상태에서 벗어나 능동적인 호기심의 상태로 나아갈 때 비로소 학습이라는 모험의 관찰자가 아니라 직접 뛰어든 참여자가 된다. 이제는 생각만 할 것이 아니라 움직여야 할 때다. 다음 장에서는 바로 그런 행동의 시작에 관해 이야기할 것이다.

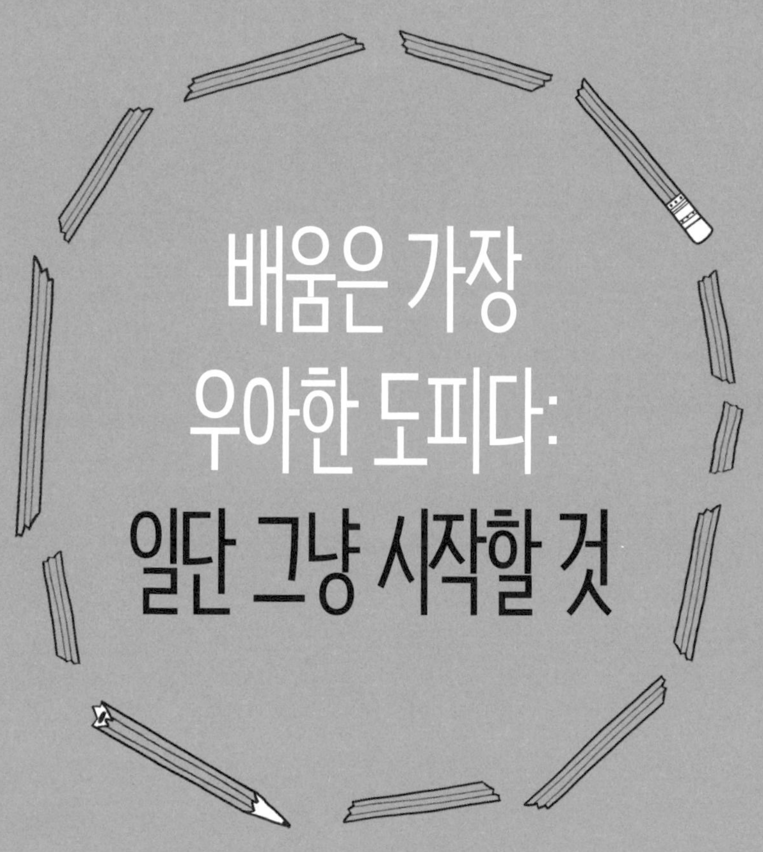
2

배움은 가장
우아한 도피다:
일단 그냥 시작할 것

아는 것만으로는 충분하지 않다.
적용해야 한다.
의지만으로는 충분하지 않다.
행해야 한다.

요한 볼프강 폰 괴테
Johann Wolfgang von Goethe

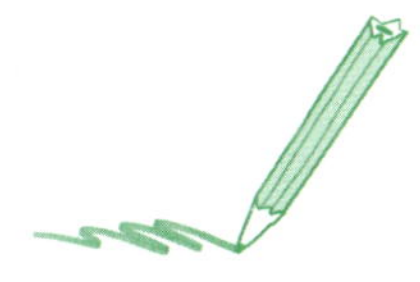

동기만으로는 세상을 바꿀 수 없다. 영감을 실제 성과로 바꾸는 건 오직 행동뿐이다. 이제부터는 이론에서 실천으로 넘어가, 동기를 구체적인 행동으로 전환하는 방법을 다룰 것이다. 목표는 단순히 꿈꾸거나 계획하는 것이 아니라 의도적이고 효과적으로 행동하는 것이다.

요즘 세상에는 정보가 넘쳐난다. 더 다양한 지식을 모으는 대신 첫걸음을 내딛는 게 진짜 도전이다. 수동적 학습에서 능동적 학습으로 넘어가는 문턱에 서 있는 셈이다. 여행을 설계하는 것과 실제로 문을 나서는 것에 어떤 차이가 있는지 떠올려보라. 행동이 없다면 아무리 정교한 지도와 계획도 그저 가능성에 머물 뿐이다.

나 역시 늘 계획만 세우고 실행은 미루는 습관이 있었다. 그러다 잠재된 영감을 실제 행동으로 바꾼 건 비즈니스 코치의 단 한마디였다.

"그만 적고, 당장 시작해버려요!"

"그냥 당장 시작해버려요Just Freaking Get Started."

손에 힘을 주어 노트에 꾹꾹 눌러 쓰기 시작했다.

"그만 적어요. 더는 적을 필요 없어요. 뭐해요? 그냥 당장 해버려요!"

비즈니스 코치가 이렇게 화를 내는 건 처음이었다. 거칠게 말하는 것도 처음 들었다. 아마 내가 그를 폭발 직전까지 밀어붙인 모양이다. 제러미와는 지역 창업가 모임에서 알게 되어 함께 일하고 있었다. 그는 전형적인 캘리포니아풍의 편한 복장

(반소매 셔츠, 카고 반바지, 슬리퍼 차림)이었지만, 그 느긋한 외모와는 달리 날카롭고 경험 많은 사람이었다. 이미 몇 년간 여러 사업을 성공시킨 이력이 있었다. 그래서 나도 그의 조언을 따르고 싶었다.

우린 몇 달째 같은 장소에서 격주로 만났는데, 이번엔 제러미가 제대로 화가 나 있었다. 나는 조용히 노트를 덮고 그의 눈을 마주 봤다. "팻, 당신 노트는 전략으로 가득 차 있는데도 아직 책 출간은 안 했잖아요! 그런 계획 노트만으로는 아무것도 못 해요."

맞는 말이었다. 나는 건축가와 디자이너들이 LEED라는 까다로운 시험에 대비하도록 돕는 전자책을 팔 계획이었다. 그 시험은 친환경 건축과 지속 가능한 디자인에 관한 것이었고, 내가 회사에서 해고되기 직전 합격한 시험이기도 했다. 이미 웹사이트를 만들어 매일 수천 명이 방문하고 있었지만 나는 여전히 출시를 미루며 열심히 배우기만 했다.

그때 나는 수십 개의 블로그와 팟캐스트를 구독했고 반스앤드노블Barnes&Noble(미국 최대의 서점 체인—옮긴이)에서 반쯤 읽다

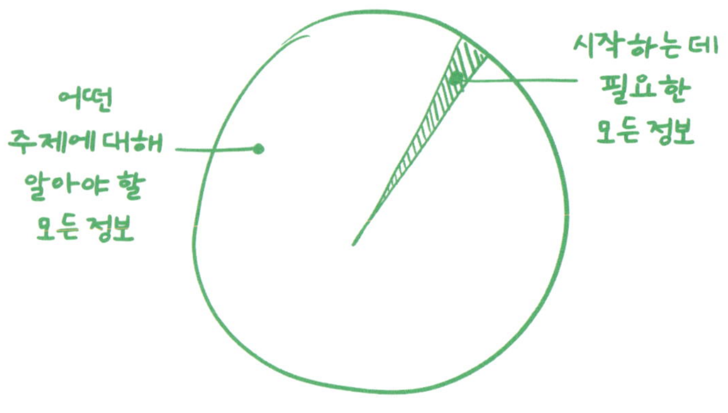

가 결국 사 온 비즈니스 책들로 책장을 가득 채웠다. 늘 뭔가를 찾고 있었다.

겉으로는 뭔가 마법 같은 답을 찾는 것처럼 보였다. "유레카!" 같은 순간을 기대하면서. 내가 시작한 이 일을 훨씬 쉽게 만들어줄 어떤 콘텐츠, 결정적인 한 줄을 기다리면서 계속 뒤처졌던 셈이다. 하지만 돌이켜보면, *내가 진짜 찾고 있던 건 배움이라는 이름의 숨을 곳이었다.*

치킨 마데이라Chicken Madeira(닭가슴살, 채소, 모차렐라 치즈, 마데이라 와인 소스 등으로 만든 요리—옮긴이)는 식어갔고, 제러미는 내 속에 불을 질렀다. 그는 내가 보지 못한 걸 꿰뚫어 봤다. 쌓여 있던 지식이 오히려 행동을 막고 있다는 사실을. 이제는 시작할 때였다. 여러분이 그때의 나와 같다면 지금 필요한 건 일단 시작하는 것일지 모른다.

앞으로 우리는 첫걸음을 내딛고 그걸 이어가도록 도와줄 다양한 전략을 살펴볼 것이다. 이 방법들은 나를 포함해 수천 명이 준비를 성과로 바꾸도록 큰 도움을 주었다. 뒷부분에서는 끝없이 쏟아지는 콘텐츠에 휘둘려서 길을 잃지 않는 법을 다룰 것이다.

아마 지금쯤 여러분도 행동할 준비가 되었을 것이다. 나 역시 제러미와의 대화 직후 그랬다. 하지만 여전히 여러분을 붙잡고 있는 게 있을지 모른다. 바로 무엇을 먼저 해야 할지 모른다는 두려움이다. 그래서 지금부터는 실행 가능한 명확한 첫걸음을 찾는 가장 직접적인 방법을 보여주려 한다. 그리고 그건 모든 것을 바꿔놓을 단 하나의 질문에서 시작된다.

복잡함을 걷어내는 단 하나의 질문: ITWEWWILL?

이 질문은 팀 페리스Tim Ferriss에게서 영감을 얻은 것이다. 나는 선택지가 너무 많아 마비될 때마다, 무언가를 이루려다 좌절할 때마다 스스로에게 이 질문을 던진다. 결혼생활에서도, 팀 운영에서도, 심지어 지금 이 책을 쓰는 과정에서도 큰 도움을 받았다. 언제 어디서든 다음에 무엇을 해야 할지 막막할 때 스스로에게 던질 수 있는 가장 유용한 질문이다.

"만약 이 일이 쉽다면 어떤 모습일까?If This Were Easy, What Would It Look Like?"

약자로는 ITWEWWILL. 발음은 잇. 위 윌It. We will.

ITWEWWILL은 이 장 전체를 이끄는 핵심 질문이다. 다음 단계가 무엇인지 풀어내는 열쇠다. 어떤 사람들은 이것을 MVA, 즉 최소 실행 단위Minimum Viable Action라고 부르기도 한다. 결과를 만들기 위한 가장 짧고 단순한 버전으로서 일론 머스크Elon Musk 같은 사람들이 제시한 제1원리 사고법principle of first principles(근본부터 다시 생각하는 사고법—옮긴이)과도 어느 정도 닮았다. 내게 ITWEWWILL은 그런 답으로 이끄는 질문이자 어떤 상황에서 든 활용할 수 있는 도구다.

예를 들어, 내 영상 제작자인 케일럽 워직Caleb Wojcik과 나는 새 로운 브이로그용 삼각대를 발명해보자는 영감을 얻었을 때 이 질문을 나침반 삼아 끝까지 움직였다. 우리는 새로운 회사를 함 께 세웠지만 제조나 유통에 대해서는 아무것도 몰랐다. 막막할 때마다 우리의 길을 비춰준 게 바로 이 핵심 질문이었다.

시제품을 만들 때는 이렇게 물었다. "만약 이 일이 쉽다면 어떤 모습일까?" 그러고는 집에 있던 종이상자를 잘라 여러 모양으 로 만들어보았다. 제품의 크기를 정해야 할 때도 같은 질문을 던졌다. 결국 유튜버 콘퍼런스VidCon에 직접 가서 크리에이터 들에게 묻기로 했다.

판매를 결정할 때도 그 질문이 답을 줬다. 광고를 완벽히 꾸미 는 것보다 영향력 있는 사람들과 관계를 쌓는 게 훨씬 가치 있 다는 사실을 깨달은 것이다.

그렇게 배우며 나아가다 보니, 2019년 1월 스위치팟은 크라우드펀딩 플랫폼인 킥스타터Kickstarter에서 공식 출시됐다. 단 60일 만에 4418명의 후원자가 41만 5748달러를 모아주었다. 지금까지 우리는 200만 달러 이상을 판매했고, 사진과 영상 업계 주요 소매상과 파트너십을 맺었으며, 베스트바이Best Buy(미국 최대 가전제품 판매 기업—옮긴이) 매장에서도 제품을 선보일 수 있었다.

공식 출시 후에도 우리는 다시 그 질문을 던졌다. 회사를 확장하는 가장 쉬운 길은 창고를 늘리고 직원을 더 뽑고 시장점유율을 높이는 게 아니었다. 우리에겐 그럴 시간도 자원도 없었다. 대신 우리는 본 제품에 들어맞는 액세서리를 추가하기로 했다. 볼 헤드ball-head와 스마트폰 어댑터 같은 것들이다. 처음부터 새로 발명하지 않고 이미 디자인을 갖고 있던 제조 파트너의 제품을 약간 수정해서 화이트 라벨링white-labeling(제조사가 만든 제품에 판매자가 자기 브랜드를 붙여 판매하는 방식—옮긴이) 방식으로 들여왔다. 그렇게 해서 개별 상품으로도, 묶음 패키지로도 판매했다.

그 덕분에 큰 노력을 하지 않고도 매출은 늘어났다. 당시 상황에 딱 맞는 전략이었다. 내 파트너는 쌍둥이가 갓 태어난 참이었고, 나는 SPI와 새로운 커뮤니티를 유지하는 동시에 막 시작한 포켓몬 유튜브 채널에 더 많은 시간을 쏟고 있었으니까. 제품을 출시하면서 각각의 단계마다 ITWEWWILL 질문을 던진 덕분에 우리는 5~10년짜리 사업 계획을 억지로 세우기보다는 매 순간 현실에 맞는 결정을 내릴 수 있었다. 미래에 무슨 일이 일어날지, 우리 삶과 목표가 어떻게 변할지 누가 알겠는가?

이 질문은 시에라리온 출신의 젊은 혁신가 켈빈 도우Kelvin Doe에게도 힘이 되었다. 그는 교육과 자원이 턱없이 부족한 환경에서도 전자공학을 배우고 발명을 하고자 했다. 켈빈은 단순히 이렇게 물었다. "전자공학을 배우기 쉽다면 그건 어떤 모습일까?"

그에게 답은 분명했다. 직접 손으로 해보는 것이었다. 열 살이 되던 해 그는 쓰레기통과 폐기장에서 버려진 전자 부품들을 모으기 시작했다.

호기심과 창의성을 길잡이 삼아 켈빈은 기기를 분해하고 만지작거리며 스스로 작동 원리를 익혔다. 그렇게 배운 지식을 현실 문제에 적용해서 마을의 집들을 밝힐 배터리를 만들고 뉴스와 음악을 내보낼 라디오 송신기도 제작했다.

켈빈의 이야기는 배움의 길을 가로막는 장벽을 치우고, 확보한 자원으로 무엇을 할 수 있는지에 집중할 때 가능성의 세계가 열린다는 것을 보여준다. 화려한 연구실도, 막대한 자원도 없이, 린 러닝 마인드셋으로 버려진 부품을 활용해 삶을 바꾸는 발명품을 만들었다. *"만약 이 일이 쉽다면 어떤 모습일까?"라는 질문은 완벽한 조건이 없어도 학습과 창조를 시작할 수 있다는 강력한 메시지다.* 현재의 자리에서 지금 가진 어떤 것으로든 시작할 수 있다.

그리고 지금 이 순간 이 책을 읽고 있는 여러분도 아직 이 핵심 질문을 현재의 영감에 적용해보지 않았다면 잠시 멈추고 스스로에게 물어보라. "만약 이 일이 쉽다면 어떤 모습일까?"

불완전함을 받아들이기

새로운 목표나 도전을 앞두면 설렘과 불안이 동시에 찾아온다. 낯선 길에 들어서면 본능적으로 '더 알수록 더 나아지겠지?' 하는 마음에 더 배우고 싶어질 수도 있다. 하지만 우리는 이미 그게 사실이 아니라는 걸 알고 있다.

추가 학습은 행동을 가로막는다. 너무 무거운 안전 담요safety blanket처럼 그 무게에 짓눌려 벗어날 수 없다. 편안하기는 하겠지만 성장도 변화도 없다. 첫걸음이 무엇인지 알았다면 더 필요한 정보는 없다. 새로운 정보는 혼란과 부담만 키워서 '걱정 → 학습 → 다시 걱정 → 더 많은 학습'의 악순환에 빠뜨릴 뿐이다. 진짜 필요한 정보는 행동 너머에 있다. 실수는 곧 성장이다.

내 친구이자 인기 팟캐스트 〈열정의 창업가들Entrepreneurs on Fire〉의 진행자인 존 리 두마스John Lee Dumas는 이렇게 말했다. "거장master이 되기 전에 망해야 한다." 나도 커뮤니티에서 유튜브 강의를 듣는 멤버들에게 이렇게 말하곤 한다. "처음엔 망가져야 사람들이 몰려든다." 의미는 같다. 처음엔 못하고 불완전해야만 빠르게 배울 수 있다.

나처럼 실수를 나쁘게 여기고 실패를 어떻게든 피해야 한다고 배웠다면 그 생각부터 고쳐야 한다. 그 생각이야말로 가장 큰 걸림돌이기 때문이다.

추가 학습은 행동을 가로막는다.
편안하기는 하겠지만
성장도 변화도 없다.

실수의 뜻밖의 가치

우리는 흔히 실패를 악으로 본다. 적으로 여기고 피해야 한다고 생각한다. 하지만 절대 그렇지 않다. 실패는 성공으로 가는 필수 단계다. 스타트업 커뮤니티의 중심에는 늘 이런 인식이 있다. 그래서 기술 업계 사람들이 위대한 것을 만들어낼 수 있는 것이다. 페이스북Facebook 초창기에 마크 저커버그Mark Zuckerberg가 말했던 것처럼 "속도를 내고 과감히 깨뜨려라."

린 러닝에서 실패는 단순한 잘못이 아니다. 그것은 성공보다 더 깊은 통찰을 주는 배움의 기회다. 모든 실수는 원인을 파헤치고 맥락을 이해할 기회를 주는 동시에 교과서나 조언으로는 결코 얻을 수 없는 교훈도 준다. 직접 부딪히는 이런 배움의 방식이 이해를 깊게 하고 미래의 도전에 대비하게 한다.

물론 모든 실패가 같은 가치를 지니는 것은 아니다. 하버드대학교의 연구자 에이미 에드먼슨은 우리가 겪는 실패를 세 유형으로 나눈다.

- **기초적 실패** 올바른 방법을 알고도 따르지 않았을 때

- **복합적 실패** 익숙한 상황이지만 새로운 복잡성을 만들어내
  는 여러 요인이 겹쳐 실패할 때
- **지적 실패** 새로운 맥락에서 새로운 시도를 했으나 예상한 결
  과가 나오지 않았을 때

에드먼슨은 〈하버드 비즈니스 리뷰〉에 실린 유명한 기고문에
이렇게 썼다. "실패해도 괜찮다. 하지만 제대로 실패해야 한다."[1]

그렇다면 어떻게 해야 제대로 실패할 수 있을까?

답은 지적으로 실패하는 것이다. 작은 위험을 감수하되, 심리적
으로 안전한 상황에서 잃을 것은 적고 얻을 것은 많은 방식으
로 시도하라. 지적 실패란 결국 혁신을 다른 맥락에서 다시 바
라보는 것이다. 새로운 공간에서 새로운 아이디어를 금세 회복
할 수 있는 방법으로 시도해보라. 그러면 언제나 배울 것이 남
는다.

우리가 제대로 실패하는 법을 익히면(즉 지적으로 실패하는 법을
알면) 회복탄력성을 기르고, 더 많은 혁신의 기회가 열리며, 우
리 기술을 더 깊이 이해하게 된다.

실수는 이해로 이어진다

실수는 더 깊은 이해로 들어가는 귀중한 기회다. 실수하면 우리는 멈춰 서서 되돌아보게 된다. 어떤 부분에서 잘못됐는지 행동의 요소를 쪼개어 보며 원인을 파악한다. 이 과정은 자연스럽게 그 활동에 대한 이해를 더 깊게 한다.

실수가 이해로 이어지는 이유는 뭘까? 중요한 이유는 **실수가 곧바로 피드백을 주기 때문이다.** 이론적 지식은 추상적이고 현실과 동떨어졌을 수 있지만 실수는 '무엇이 통하지 않는가?'를 구체적으로, 때로는 가혹하게 보여준다. 이 피드백이야말로 성공보다도 더 정확하게 다음 단계를 안내한다.

성공했을 때는 어떤 행동이 결과에 직접적으로 기여했는지 분명하지 않은 경우가 많다. 반대로 실수는 부족한 점과 잘못된 가정을 또렷이 드러내고, 그 원인을 파고들어 고치게 한다.

실수는 자연스럽게 호기심을 자극한다. '왜 이런 일이 생겼지?', '다음에는 어떻게 달라져야 하지?' 이런 질문이야말로 배움의 핵심이다. 표면적 이해를 넘어서서 그 활동을 움직이는 근본 원리를 탐구하게 만든다. 그게 진짜 숙련으로 가는 길이다.

실수는 강한 감정을 동반한다. 좌절, 실망, 낙담 같은 감정은 강력한 스승이 되기도 한다. 이 감정을 다루고 생산적인 에너지로 바꾸는 법을 배우는 것은 개인적, 직업적 성장에 꼭 필요한 과정이다. 특정 과제를 넘어, 평생 활용할 수 있는 기술이 된다.

실수를 통한 이해는 한 번으로 끝나지 않는다. 시도하고, 실패하고, 배우고, 다시 시도하는 순환이 일어나는 것이다. 이런 반복된 과정이야말로 애자일agile 방법론(긴 계획보다 짧은 주기의 실행-피드백-개선을 반복해 변화에 즉시 대응하며 결과를 키워가는 방식—옮긴이)의 핵심이고, 변화가 일상인 복잡한 환경에서 창작자와 개발자가 살아남는 방식이다. 린 러닝 원칙 역시 빠르게 움직이고 더 빠르게 회복해야 뒤처지지 않는다고 강조한다.

비즈니스든 앱 개발이든 광범위한 계획과 완벽한 실행보다는 빠른 피드백에 기반한 반복이 더 효과적이다. 그래야 배움이 끊기지 않고, 조금씩 개선을 이어가며, 장기적으로 더 나은 결과에 도달할 수 있다. 실수를 대하는 방식을 이렇게 전환하면

실수는 ‘무엇이 통하지 않는가?’를
구체적으로, 가혹하게 보여준다.

실수는 ‘무엇이 통하지 않는가?’를
구체적으로, 가혹하게 보여준다.

부끄러움의 원인이 아니라 성장을 촉진하는 강력한 동력으로 바꿀 수 있다.

실수는 회복탄력성을 키운다

실수를 통해 회복탄력성을 기르는 것은 어려운 환경에서 성공하려는 누구에게나 꼭 필요한 기술이다. 좌절을 맞닥뜨리고 극복하는 과정에서 단순히 지식만 쌓이는 게 아니라 정신적, 감정적 강인함도 길러진다. 이 회복탄력성이야말로 앞으로 닥칠 도전을 이겨낼 힘이 된다.

2008년 10월 내가 처음 시작한 사업은 건축가들이 LEED 시험을 통과하도록 돕는 것이었다. 지금은 '그린 이그잼 아카데미Green Exam Academy'라는 이름으로 알려졌지만 처음에는 '인 더 리드In the LEED'라는 말장난 같은 이름을 붙였다. 시험 준비생에게는 기억하기 쉽고 재치 있는 이름이라 생각했기 때문이다.

그해 12월 31일 장부를 확인했을 때 나는 깜짝 놀랐다. 불과 석 달 만에 직장에 다닐 때의 연봉을 넘어선 매출이 발생한 것이다. 매달 수익은 계속 늘어났고 사업은 본격적으로 궤도에 오르고 있었다.

2009년 5월 미국 그린빌딩협의회 U.S. Green Building Council(USGBC)에서 편지가 도착했다. 처음에는 자격증 취득을 돕는 내 활동에 감사한다는 내용일 줄 알았다. 아니면 시험 자료를 함께 만들자는 제안일지도 모른다고 생각했다. 하지만 아니었다. 전혀 아니었다. 그건 '영업 정지 명령'이었다. 그들은 내게 14일 안에 사업을 철수하지 않으면 추가로 법적 조치를 취하겠다고 경고했다.

나는 초보자가 흔히 저지르는 큰 실수를 범했다. 내 브랜드와 도메인 이름에 등록상표를 사용한 것이다. LEED는 USGBC가 보유한 상표였고 나는 허락 없이 IntheLEED.com을 운영하고 있었다. 브랜드를 보호하고 소비자의 혼란을 막기 위해 그들은 내 사업을 정면으로 제지했다. 그 순간 정신이 완전히 무너졌다. '역시 나는 사업할 사람이 아니야.' 스스로 그렇게 단정 지었다. 그리고 이렇게 중얼거렸던 게 기억난다. "경영대학원에 안 가서 이런 일이 벌어진 거야."

지금 돌아보면 웃음이 난다. 수년간 수만 달러를 들여 MBA를 했다면 상황이 달라졌을까? 이름을 고를 때 좀 더 신중해졌을 지는 몰라도 경영대학원에서 웹사이트 만드는 법이나 구글 검색 순위를 올리는 법, 전자책을 직접 쓰고 판매하는 법을 가르쳐주진 않았을 것이다. 나는 그 모든 걸 실시간으로 부딪히며 배우고 있었다. 차라리 브랜드명을 정할 때 간단한 조사를 했더라면 이런 일은 충분히 피할 수 있었을 것이다.

불행히도 나는 그런 조사를 하지 않았고, 내게 주어진 시간은 고작 14일뿐이었다.

이 사건은 내게 상표권과 법적 문제를 다루는 '실시간 경영대학원' 같은 경험이 되었다. 편지를 받은 다음 날 바로 변호사를 고용해 대응 방안을 상의했고, 열흘 만에 브랜드명을 '그린 이그잼 아카데미'로 바꾸어 검색 순위도 지켜낼 수 있었다.

폭풍이 지나간 뒤, USGBC가 다시 연락해왔다. 내 웹사이트를 인상 깊게 봤다면서 처음에 너무 엄격하게 경고했던 것에 대해 사과했다. 처음부터 이런 우호적인 대화가 오갔더라면 좋았겠지만 나는 이 경험이 소중하게 느껴졌다.

만약 그때 포기했더라면 어땠을까? 실제로 나는 건축가 일자리를 다시 찾아볼 정도로 모든 걸 내려놓을 뻔했다. 다행히도 아무 곳에서도 연락이 오지 않았다.

이 시련은 내게 회복탄력성과 적응력의 가치를 뼈저리게 가르쳐줬다. 첫 창업이 무너질 위기에서 나는 깨달았다. *회복탄력성이란 단순히 다시 일어서는 것이 아니다. 좌절을 발판 삼아 자신을 진화시키고 접근 방식을 강화하는 힘이다.*

이제 나는 도전에 맞닥뜨려도 주저앉지 않는다. 상표 문제를 풀어갔던 것처럼 적극적으로 해법을 찾고 대안을 모색한다. 이 태도는 사업을 지켜내는 힘이 되었을 뿐만 아니라 어떤 어려움이든 배움과 성장의 기회로 바라보는 마음가짐을 길러주었다. 패배로 끝날 뻔한 순간을 성장과 혁신의 원동력으로 바꿔낸 것이다.

코로나 팬데믹 때 어려움을 겪었던 식당들을 예로 들어보자. 많은 곳이 문을 닫았지만, 일부는 음식을 배달할 방법을 고민하고 온라인 주문을 받았다. 그렇게 회복탄력성을 키운 곳은 살아남았고, 오히려 더 성장했다. 물론 쉽지 않은 선택이었지만 반드시 필요한 변화였다. 실수뿐만 아니라 단순한 상황의 변화도 성장의 계기가 된다. 다만 우리가 어떻게 적응하느냐에 따라 성공할지, 실패할지가 갈린다.

실수는 혁신을 낳는다

수많은 위대한 혁신이 우연한 사고에서 나왔다. 실수는 새로운 사고방식을 열어주고 예상치 못한 길로 우리를 이끈다. 실수를 받아들이면 탐험할 자유를 얻고 획기적인 무언가를 발견할 가능성도 열린다.

대표적인 것이 페니실린의 발견이다. 알렉산더 플레밍Alexander Fleming이 실수로 배양 접시를 오염시킨 덕분에 곰팡이가 박테리아를 죽인다는 사실이 드러났고, 이는 의학을 혁명적으로 바꾸어 수백만 명의 생명을 구했다. 마찬가지로 인스타그램Instagram과 슬랙Slack(팀 협업과 실시간 메시지 교환을 위한 비즈니스 메신저 플랫폼─옮긴이)도 처음 계획했던 사업 모델이 실패한 뒤 전환을 선택했고 결국 오늘날의 성공적인 플랫폼으로 성장했다.

유튜브도 그렇다. 2005년 밸런타인데이에 '영상 소개로 짝을 찾는 데이팅 웹사이트'로 출발했지만 아무도 영상을 올리지 않았다. 그러자 누구나 어떤 주제로든 영상을 올릴 수 있도록 바꿨고, 그 결과 내 고향 캘리포니아주 샌디에이고에서 촬영된 첫 영상 '동물원의 나Me at the Zoo'가 올라왔다. 그 이후는 다들 아는 대로다.

두려움은 실행할 때만 사라진다

만약 시간을 거슬러 올라가 어린 시절의 내게 성공을 위한 조언을 해줄 수 있다면 두 가지를 말해주고 싶다. JNCO 청바지(1990년대 미국에서 유행했던 통 넓은 청바지 브랜드—옮긴이)는 당시의 내 생각만큼 멋지지 않다는 것. 그리고 두려움에 대해.

10대와 대학 시절은 물론, 건축가로 일하던 시절에도 나는 두려움 때문에 수많은 기회와 경험을 외면했다. 2008년에 해고되지 않았다면 나는 99.99퍼센트의 확률로 사업과 창업의 길로 들어서지 않았을 것이다. 나를 막았던 건 부족한 호기심이 아니라 실패에 대한 두려움과 타인의 시선이었다.

두려움은 교묘하게 모습을 바꾼다. **합리적인 변명으로, 행동을 미루는 핑계로 나타난다.** 이를 인식하는 것이 두려움을 극복하는 첫 걸음이다.

두려움의 증상

두려움의 흔한 증상 중 하나는 미루기다. 단순히 게으름을 피우거나 시간 관리를 못 하는 것이 아니라 실패나 평가에 대한 두려움이 시작도 완성도 못 하게 한다.

과도한 계획을 세우는 것도 마찬가지다. 앞으로 나아가지 못하고 세부 사항에 가두기 때문이다. 끝없는 학습도 그렇다. 이미 알고 있는 것을 적용하기보다 계속 새로운 정보를 찾아 헤매며 행동을 미루게 한다.

"지금은 때가 아니야"라고 스스로에게 말하며 완전히 준비되었다고 느껴지는 완벽한 순간을 기다린다. 하지만 그런 순간은 절대 오지 않는다. 이런 핑계들은 결국 두려움이 우리를 **실패도 비판도 없는 안락한 안전지대에 붙잡아두는 방식일 뿐이다.**

두려움과 정면으로 마주하기

두려움을 극복하려면 먼저 인정해야 한다. 스티븐 프레스필드는《더 피어오르기 위한 전쟁》에서 이렇게 말했다. "저항은 결승선에서 가장 강하다." 목표에 가까워질수록 두려움은 커진다. 이 패턴을 인식하는 것만으로도 어떤 도전에서든 저항을 뚫고 나아갈 힘을 얻을 수 있다.

1. 두려움을 인정하라. 불안과 자기 의심이 발목을 잡을 때 솔직히 인정하라. 어린 시절 두려움에 열지 못했던 옷장을 열어 정말 괴물이 있는지 안을 들여다보는 것과 같다. 두려움을 직시하면 그 힘은 줄어든다.

2. 미루는 습관에 맞서라. 자신이 미루고 있다는 걸 알아차리면 '정확히 무엇이 두려운지' 물어보라. 그래야 해결의 실마리를 찾을 수 있다. 모멘텀과 자신감을 키우는 데 도움이 되는 작은 목표부터 실행함으로써 두려움에 도전하라.

3. 과도한 계획은 그만 세워라. 계획은 단순하게 세워라. 실행에 더 초점을 맞춘 단계들로 목표를 나누라는 말이다. 현실 앞에

서 완벽한 계획은 없다. 유연함이 핵심임을 명심하라.

4. 준비라는 개념을 다시 정의하라. 완전히 준비된 순간을 기다리지 마라. 준비되기 전에 시작하는 것이 오히려 빠르게 적응하고 빨리 배울 수 있는 방법이다.

5. 불완전함을 받아들여라. 실수를 실패로 보지 말고, 배우고 개선할 기회로 받아들여라. 이 태도가 평가와 실패에 대한 두려움을 줄여준다.

6. 두려움을 성장의 연료로 써라. 두려움은 마비가 아니라 성장의 신호다. 낯선 영역, 한계를 넘어서는 순간에만 두려움이 찾아온다. 그 두려움을 긍정적 신호로 재정의하면 불확실성은 성장을 위한 무대가 된다. 사실 두려움이 전혀 없는 상태야말로 더 걱정스럽다. 도전과 혁신, 열정이 사라졌다는 뜻일 수 있기 때문이다.

더 이상 후회하지 마라

이제 정보를 모으는 대신 행동으로 옮기는 여정을 마무리하면서 우리도 들로리언에 올라타고 〈백 투 더 퓨처〉처럼 미래로 여행해보자, 이번엔 10년 후다.

지금 망설이고 있는 결정을 내리지 않은 채 10년을 보낸다면 어떤 일이 벌어질까? 지금 시작하지 않으면 후회할 아이디어는 무엇일까? 10년 뒤, 결과가 어쨌든 오늘의 용감한 선택에 감사하게 될까?

이건 단순히 나쁜 결과를 피하는 문제가 아니다. 우리의 깊은 열망과 맞닿은 기회를 붙잡는 일이다. 실패에 따른 후회보다 행동하지 않은 데서 오는 후회가 훨씬 더 깊게 남는다. 나도 둘다 겪어봤지만, 살아보지 못한 삶의 아픔이 몇 번의 실수나 사과로 회복되는 부끄러움보다 훨씬 컸다.

실패는 배우고 성장하게 하는 반면, **잡지 않은 기회는 끝없는 '만약에……'만 남긴다.**

만약 그때 더 용감했다면?

만약 그 꿈을 좇았다면?

만약 좀 더 위험을 감수했다면?

앞날을 크게 내다보면 오늘의 선택이 미래를 어떻게 바꿀지도 보인다. 이 관점은 시작을 가로막는 두려움을 앞으로 나아가게 하는 동력으로 바꾸고, 후회의 가능성을 행동의 원동력으로 바꿔준다.

솔직히 말해 앞으로 10년 동안 이 모든 걸 완벽하게 해내진 못할 것이다. 하지만 최소한 그 시간표가 망설임의 메아리가 아니라 과감한 시도와 성장으로 채워져 있기를 바란다. 미래의 여러분은 후회 없이 살고 싶어 할 테니까.

이건 단순한 연습이 아니다. 삶의 방식을 바꾸는 일이다. 개인적으로 나는 '에라, 모르겠다'로 가득한 삶이 '만약에……'로 가득한 삶보다 훨씬 낫다고 믿는다. 물론 선택은 여러분에게 달려 있다.

두려움을 이해하고 불완전함을 받아들이는 건 평범함에 안주하자는 게 아니다. 성취로 가는 길은 예상 못 한 굴곡으로 이어져 있다는 사실을 받아들이는 것이다. 앞으로 내딛는 발걸음, 그에 따른 실수, 이를 바로잡는 수정까지 모두가 성장의 일부다. 이 여정은 목표 달성만큼이나 회복탄력성과 적응력까지 길러준다.

물론 우리가 어디에서 누구와 함께하느냐에 따라 성취의 크기는 달라진다. 배움에서 환경은 전부다. 행동을 선택하는 것만으로는 충분하지 않다. 우리를 이끌고 지지해줄 사람들과 함께해야 한다. 천재라 해도 협력자가 필요하다.

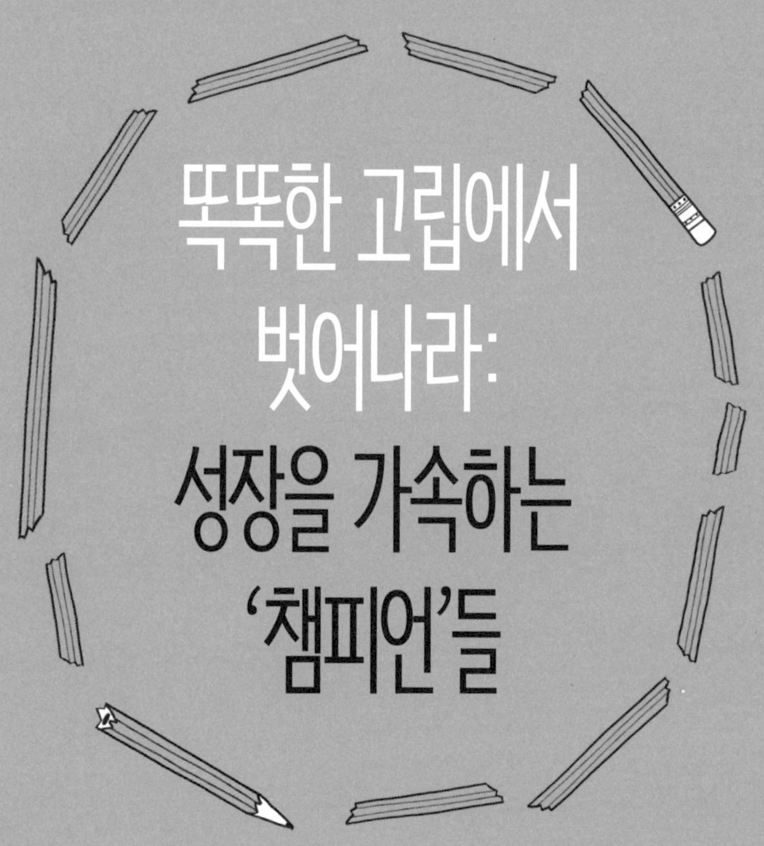

똑똑한 고립에서 벗어나라:

성장을 가속하는 '챔피언'들

당신은 가장 많은 시간을 함께 보내는
다섯 사람의 평균이다.

짐 론
Jim Rohn

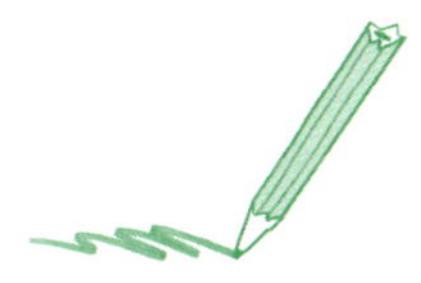

위대한 성취는 결코 혼자서는 이루지 못한다. 우리 삶 속의 '챔피언'들(우리가 생각하는 한계를 넘어서도록 우리를 믿고 밀어주는 사람들)이야말로 우리가 마주한 도전을 헤쳐나가기 위해 꼭 필요한 존재다. 실수에 대한 인식을 바꾸고 외부 자원으로 우리의 잠재력을 증폭하면서 두려움을 극복하는 과정에서 우리 곁에 있는 챔피언들이 큰 도움이 된다.

그중 한 명이 바로 '닥터 B'라는 애칭으로 불리는 바버라 코언 Barbara Cohen 박사다.

닥터 B와 처음 만난 것은 2017년 캘리포니아 애너하임에서 열린 한 비즈니스 마케팅 콘퍼런스에서였다. 그녀가 웃을 때면 방 안이 환해지는 듯했지만 그 따뜻한 미소 너머로 약간의 긴장감도 느껴졌다. 그녀는 예순다섯의 나이에 상상조차 해본 적이 없는 여정을 막 시작하려던 참이었다. 바로 자신만의 팟캐스트였다.

닥터 B는 수년간 코치이자 멘토로 활동하면서 ADHD를 겪는 개인, 커플, 가족을 상담해왔다. 사람들의 삶에 긍정적인 변화를 만들고자 하는 열정이 누구보다도 강했지만 한 번도 팟캐스트를 통해 더 많은 대중과 소통하려는 생각을 해본 적은 없었다. 사실 팟캐스트를 듣는 일조차 거의 없었고, 단순히 기술을 잘 모르는 수준이 아니라 기술에 대한 공포심이 아주 깊었다.

그런데 그날 콘퍼런스에서 어떤 계기로 그녀 안의 무언가가 바뀌었다. 누군가의 이야기를 들으면서 팟캐스트가 삶을 바꾸는 힘을 가질 수 있다는 가능성을 마주한 것이다. 닥터 B에게는 한 가지 인생의 목표가 있었다. 바로 100만 명의 사람들에게 긍정적인 영향을 주는 것이었다. 그 순간 그녀는 자신이 찾고 있던 수단이 팟캐스트일 수 있다는 걸 깨달았다.

그러나 새로운 모험 앞에 선 닥터 B는 이 길을 혼자서는 갈 수 없음을 분명히 알고 있었다. 팟캐스트를 시작하는 과정에서 마주할 기술적, 정서적 난관을 헤쳐나가도록 도와줄 길잡이와 뜻을 같이하는 사람들의 공동체가 필요했다. 안타깝게도 그 무렵에는 유망한 팟캐스터들이 모이는 커뮤니티가 거의 없었고, 바로 그 공백이 우리를 이어주었다.

그 마케팅 콘퍼런스에서 나는 약 1000명 앞에서 팟캐스트를 주제로 강연했다. 당시 내 프로그램 〈더 스마트 패시브 인컴 팟캐스트The Smart Passive Income Podcast〉는 누적 다운로드 횟수가 2500만 회를 돌파했고, 미국 비즈니스 분야 팟캐스트 순위 4위에 올라가 있었다. 게다가 신규 청중이 내 브랜드를 발견하는 가장 효과적인 경로이기도 했기에 그 작동 방식에 관심이 클 수밖에 없었다.

발표를 마친 뒤, 나는 자신의 팟캐스트를 시작하고 싶어 하는 예비 팟캐스터들을 위한 실험적 커뮤니티를 만들자고 제안했다. 이는 단순한 DIY 프로그램이 아니었다. 그런 것들은 이미 시장에 충분했다. 내가 제안한 것은 교육에 더해 동료와의 연결, 그리고 무엇보다 내가 직접 멘토로서 곁에서 돕는 접근성이었다.

닥터 B와 다른 예비 팟캐스터 134명이 함께하기로 했고 곧바로 동지애와 격려의 분위기가 형성되었다. 서로의 성공과 시행착오에서 배우며 한배를 탄 느낌이었다. 날이 갈수록 닥터 B의 긴장은 옅어지고, 자신의 비전을 현실로 만들겠다는 설렘과 결심이 커졌다.

2017년 4월 그녀는 ADHD 커뮤니티를 돕기 위한 팟캐스트 〈리빙 비욘드 ADHD Living Beyond ADHD〉를 공식 론칭하고 약 6년간 프로그램을 꾸준히 제작하다가 이후 활동을 다른 방식으로 전환했다. 오늘날까지도 닥터 B는 ADHD와 집중력 문제로 어려움을 겪는 사람들에게 다양한 자원과 도움을 주고 있다. 내가 인터뷰에서 여러 어려움을 어떻게 극복했는지 물었을 때 닥터 B는 단순한 정보만이 아닌 "커뮤니티 덕분"이었다고 했다. 큰 도약은 대개 그렇게 이루어진다. 혼자서는 불가능하다.

닥터 B가 팟캐스터가 되기까지의 여정은 커뮤니티와 멘토십이 삶을 얼마나 바꿔놓을 수 있는지를 보여준다. 기술이 두렵고 전통적 학습 환경도 없었지만 그녀는 팟캐스트라는 새로운 세계에 몸을 던졌고 동료 학습자들의 지지와 격려가 얼마나 값진지를 깨달았다. 그녀는 말했다. "그룹 안에서 다른 구성원들에게서 받은 지원이 앞으로 나아가게 했어요. 완전히 멈추거나 탈선한 순간은 단 한 번도 없었고 그 점이 정말, 정말 중요합니다."

이 공동체 의식은 닥터 B가 기술적 난관을 극복하는 데 도움을 주었을 뿐만 아니라 **과감히 위험을 감수하고 익숙한 안전지대 밖으로 나갈 용기를 불어넣어 주었다.** 설령 비틀거려도 곁에서 다시 일으켜 세워줄 사람들이 있다는 사실을 그녀는 알고 있었다. 닥터 B는 내게 이렇게 말했다. "커뮤니티는 한 사람이 앞서 나가서 성공하는 자리가 아니에요. 모두의 자리죠……. 누구도 뒤처지지 않아요. 우리는 함께 움직입니다."

닥터 B의 경험은 린 러닝의 핵심을 보여준다. 어떤 사람들이 곁에 있는지가 결과를 결정한다는 것 말이다. 이런 '챔피언'들은 여러 형태로 나타나 각자의 방식으로 성장과 성공을 돕는다. 다만 챔피언의 유형뿐만 아니라 지지의 방식도 중요하다.

정서적 지지든 전문적 안내든 개인적 도전이든 챔피언들이 어떻게 등장하는가는 그들이 맡는 역할만큼 중요하다. 또한 챔피언십은 받기만 하는 것이 아니라 건네는 것도 포함한다. 커뮤니티의 힘은 모두가 기여하고 모두가 혜택을 얻는 호혜성에서 나온다.

닥터 B의 사례가 증명하듯이 서로를 지지하는 공동체의 일원이 된다는 것은 자신이 기댈 어깨가 있을 뿐만 아니라 자신이 다시 그러한 어깨가 되어줄 기회를 얻는다는 의미다. 이런 상호 교류는 학습 경험을 풍요롭게 하고 공동체의 영향력을 키워준다. 각 구성원은 타인을 돕는 과정에서 자신의 역량을 확인할 뿐만 아니라 공감과 격려의 힘을 몸소 배우게 된다.

솔직히 말해 우리 사회는 오랫동안 학습과 성장의 토대였던 공동의 상호작용에서 너무 멀어졌다. 우리는 스스로 고립되어 집단적 성장에 따르는 깊은 이점을 외면한 채 개인의 성취만을 과도하게 미화해왔다. 이제는 뿌리로 돌아가 홀로 성공하는 것에서 그치지 않고 함께 번영하도록 힘을 북돋우는 공동체 정신을 다시 품어야 한다.

그러니 각자의 도전과 성취를 헤쳐나가는 동시에 다른 사람들이 챔피언이 될 방법도 함께 고민해보자. 짧은 격려의 한마디든 가치 있는 자료의 공유든 혹은 누군가의 고민을 그저 성심껏 들어주는 일이든 여러분의 행동은 누군가를 앞으로 나아가게 한다. 이런 호혜적 관계는 타인만 강하게 하는 것이 아니라 여러분 자신의 이해를 깊게 하고 여정도 한층 풍성하게 한다.

이러한 방식으로 린 러닝은 공동의 과업이 된다. 개인적 성취를 이룰 뿐만 아니라 우리 주위의 사람들까지 끌어올리는 일이다. 닥터 B의 말처럼 "누구도 뒤처지지 않는다. 우리는 함께 움직인다." 이 상호 혜택의 원칙을 초기부터 실천하려면 모두가 함께 자라나는 더 풍요롭고 든든한 학습 환경을 만들어가야 한다.

내가 처음부터 공동체의 힘을 믿었던 것은 아니다. 사실 주변의 도움이 필요하다는 사실을 인정하기엔 자만심이 너무 컸다. 곧 보게 되겠지만, 그것은 큰 실수였다.

어린 시절 나는
도움을 청하는 것은
약함의 표시라고 배웠다.

사흘간의 좌절을 5분 만에 해결하는 법

온라인 비즈니스를 막 시작했을 때 나는 모든 일을 혼자 해내고 싶었다. 누군가 도와주겠다고 호의를 베풀어도 거절했다. 막다른 길에 몰리면 항상 더 많이 배워서 혼자 해결하겠다고 마음먹었다. 나의 좌우명은 '더 배우면 된다'였다. 아이러니하게도 결국 나는 뼈아픈 교훈을 얻었다.

2008년 초 LEED 시험과 관련된 웹사이트를 처음 구축할 무렵 홈페이지 오른쪽에 있던 이미지를 맨 위로 올리고 싶었지만 도무지 방법을 몰랐다. 블로그에서 블로그로, 튜토리얼에서 튜토리얼로 끝없이 옮겨 다니며 인터넷 구석구석을 뒤졌고 그럴수록 답답함은 커졌다. 사흘 동안 하루 여덟 시간씩 혼자 해결해보려고 했다. 마침내 멈추지 않는 검색과 시행착오 끝에 한없이 참아주던 내 약혼자(지금의 아내) 에이프릴이 나섰다. 내가 극도로 좌절한 것을 알아차리고는 뭔가 조치를 하기로 한 것이다.

예고도 없이 에이프릴이 내게 휴대전화를 내밀었다. 나는 놀란 채로 전화를 받았다. "여보세요?" 사흘 내내 검색한 탓에 멍한 상태였다. 전화기 너머에는 에이프릴의 대학 친구 멜이 있었다.

얼마 전에 웹사이트 개발자로 일을 시작한 멜은 5분도 채 걸리지 않아 내 문제를 해결해주었다. 내가 어떻게 보답할지 묻자 멜은 "그냥 언제 한번 다 같이 만나요"라고 말했다. 그 순간 웹사이트 때문에 쌓였던 좌절감은 사라졌고, 그저 더 일찍 도움을 청했더라면 하는 아쉬움만 남았다.

어린 시절 나는 도움을 청하는 것은 약함의 표시라고 배웠다. 게다가 내 어려움으로 다른 사람에게 부담을 주고 싶지 않았다. 그러나 **복잡한 창업의 세계를 헤쳐나가면서 그 같은 자기 의존적 태도가 내 가능성을 제한하고 있다는 사실을 깨달았다.** 마음을 열고 내 여정을 다른 사람들과 나누기 시작하면서 상호 지원의 힘을 알게 되었다. 나의 챔피언들은 의무감 때문이 아니라 나에 대한 믿음을 바탕으로 내 성공에 보탬이 되고 싶다는 마음 때문에 기꺼이 조언과 격려를 아끼지 않았다.

나도 그들의 도전을 돕는 길을 찾아 나섰다. 그렇게 쌓인 상호성의 순환이 우리 관계를 더 단단하게 만들며 함께 성장하는 연료가 되었다. 누구나 할 수 있는 일이다. 취약함을 인정하고 손을 내밀면 자신의 성장을 더 빠르게 가속할 뿐만 아니라 의미 있는 협업과 상호 지원의 기회도 함께 만들어낼 수 있다. 나 역시 다양한 수준의 챔피언들과 연결되면서 인생이 바뀌는 경험을 여러 번 했다.

예를 들어 내가 해고되었을 때 아내가 곁에 있었다. 시험위원회로부터 영업 정지 명령을 받았을 때나 제품 출시가 여러 번(정말 많았다!) 실패로 돌아갔을 때도 아내 덕분에 자리를 털고 일어나 다음 단계를 찾아 나설 수 있었다. 내게 아내는 진정한 챔피언이었다.

챔피언은 린 러닝 모델의 필수 요소다. 이 장에서는 이런 관계를 어떻게 길러내고, 서로의 지지로 큰 목표를 이루며, 서로에게 똑같이 보답할 수 있는지 살펴볼 것이다.

닥터 B의 깨달음처럼 올바른 사람들로 자신을 둘러싸면 가장 힘들어 보이는 도전도 해낼 수 있다. 사실은 이렇다. 여러분의 문제는 여러분만의 문제가 아니다. 손을 뻗어 다른 사람들과 연결되면 혼자가 아님을 깨닫게 된다. 많은 사람이 여러분이 겪는 것과 크게 다르지 않은 상황을 지나 반대편에 도달했다. 공동체의 힘을 빌려서 눈앞의 과제를 헤쳐나갈 때 우리는 단지 새로운 기술과 지식을 얻는 것에서 그치지 않고 꿈을 향해 밀고 나갈 자신감과 회복탄력성도 함께 얻게 된다.

챔피언의 4가지 유형

많은 사람이 별 다른 노력 없이 자연스럽게 챔피언을 만난다. 친구, 가족, 동료, 멘토가 시간의 흐름과 함께 모습을 드러내며 우리가 개인적, 직업적 여정을 걸어가는 동안 지지와 조언을 건넨다.

그러나 학습과 성장을 한 단계 끌어올리고 싶다면 나만의 챔피언팀을 구축해야 한다.

여러분을 지지하고 도전하게 하며 영감을 주는 사람들과의 관계를 찾아 만들고 가꾸면 목표를 이루고 잠재력을 최대화할 가능성이 크게 높아진다.

아래에서 각 유형의 챔피언을 살펴보며 이미 여러분의 삶에서 이 역할을 맡고 있는 사람들이 누구인지 떠올려보자. 그리고 그들과의 연결을 어떻게 더 깊고 단단하게 만들 수 있을지,

나아가 여러분이 누군가의 삶에서 어떤 방식으로 챔피언이 될
수 있을지도 함께 생각해보자.

친구와 가족

친구와 가족은 대개 우리가 가장 먼저 만나고 가장 오래 함께
하는 챔피언이다. 우리를 가장 오래 지켜봐왔고, 우리가 가장
좋을 때와 최악일 때를 모두 봐왔으며, 우리의 행복과 성공에
깊이 관여해온 사람들이다. 챔피언팀을 구축할 때 이 가장 가
까운 연결의 힘을 절대 과소평가하지 말자.

먼저 목표와 꿈 그리고 현재의 과제를 솔직히 공유하라. 그들
의 지지와 격려가 얼마나 소중한지 분명히 전하고, 어떤 방식
으로 도울 수 있는지 구체적으로 알려주자. 예컨대 힘든 시기에
정서적으로 지지해주고, 특정 문제에 대해 조언해주며, 성취를
함께 축하해줄 동반자가 되어달라고 부탁할 수 있다.

동시에 여러분도 그들의 챔피언이 되자. 그들의 삶에 적극적
으로 관심을 두고, 통찰과 격려를 건네며, 필요할 때 곁을 지켜

라. 이렇게 상호 지지의 문화를 가꾸면 사랑과 신뢰의 든든한 기반이 형성되고 가장 어려운 시기에도 버팀목이 된다.

내게는 아내와 아이들이 누구보다 챔피언이다. 그들은 내게 어떤 도움이 필요한지 정확히 모를 수도 있고 내 비즈니스 목표를 자세히 모를 수도 있다. 그럼에도 내가 좌절할 때는 내 말을 들어주고 내가 성취했을 때는 함께 기뻐해준다.

물론 누구나 즉각 자신을 지지해줄 친구나 가족을 두고 있는 것은 아니다. 가까운 사람들이 우리의 목표를 이해하지 못하거나 반대할 수도 있다. 이는 깊은 고립감과 어려움을 낳는다. 나 역시 그런 상황을 겪어보았기에 사랑하는 이들과 엇갈리는 느낌이 얼마나 아픈지 안다. 여러분의 꿈을 스스로 지키는 선택은 정당하다.

그럴수록 기억하자. 여러분은 혼자가 아니다. 다른 형태의 지지망을 구축할 수 있다. 여러분의 가치와 잠재력은 다른 사람의 의견(아무리 가까운 사람들의 의견일지라도)으로 규정되지 않는다. 여러분을 믿고 비전을 지지하는 챔피언들로 자신을 둘러싸라. 그들이 성장과 성공의 강력한 토대가 된다. 그리고 시간이 흐르면 여러분이 도약하는 모습을 보며 친구와 가족이 마음을 바꾸는 일도 종종 일어난다. 설령 그렇지 않더라도 여러분은 자신의 꿈을 뒷받침할 지지 체계를 구축할 힘이 있다. 이제 다음 유형의 챔피언으로 넘어가 보자.

동료

동료 챔피언은 여러분과 비슷한 길을 걷고, 같은 난관을 마주하며, 유사한 목표와 영감을 향해 나아가는 사람들이다. 동료, 동급생, 함께 배우는 이들처럼 해당 분야의 속사정을 이해하고 독특한 형태의 지지와 협업을 제공할 수 있는 사람들이다.

고등학교나 대학 시절, 도서관과 서점에서 중간고사나 기말고사에 대비해 함께 공부하던 스터디 그룹을 떠올려보자. 그때와 다른 점이 있다면 이번에는 행동에 나서도록 도와줄 사람들을 모은다는 것이다.

진행 과정에서 동료 챔피언을 찾으려면 관심사와 포부가 맞는 커뮤니티를 적극적으로 탐색해야 한다. 직능 단체에 가입하고,

콘퍼런스와 워크숍에 참석하고, 온라인 포럼과 소셜 미디어 그룹에 꾸준히 참여하는 식이다. 구조화된 공동체 참여가 어떤 힘을 지녔는지 보여주는 대표적 예가 크로스핏CrossFit 체육관이다. 그곳에서는 회원들이 함께 성장하면서 책임감을 키우고, 공동의 언어를 만든다. 예를 들어 WOD Workout of the Day(그날의 운동 프로그램—옮긴이)가 무엇인지 안다면 아마 여러분은 직접 크로스핏을 하거나 매번 그 얘기를 하는 누군가와 아주 가까운 사이일 것이다.

내가 가장 선호하는 것은 네다섯 명 내외의 끈끈한 소그룹이다. 비즈니스 세계에서는 이를 흔히 마스터마인드 그룹mastermind group이라 부른다. 일정한 주기로 계속 만나는 이 모임에서는 각자가 도전을 솔직히 공유하고, 효과적인 전략을 토론하며, 정직하고 건설적인 피드백을 지속적으로 주고받는다. 자문단과 비슷하지만, 누가 상석에 앉는 구조가 아니라 '원탁의 기사'에 더 가깝다. 우리 모두가 서로를 돕기 위해 모였다는 점이 핵심이다.

나는 이런 마스터마인드 그룹 두 곳에 각각 10년 넘게 참여하면서 매주 화상회의로 만났다. 두 그룹의 구성원들은 내 개인적, 직업적 성장에 큰 역할을 했다. 내가 일에 너무 빠져서 보지 못하는 부분을 보게 해주고, 같은 길에서 얻은 경험을 아낌없이 나눠주었다. 그리고 내가 도움을 받은 만큼 나도 그들에게 힘이 되려고 애썼다.

각 그룹은 10년 동안 매주 모였다. 계산하면 그룹당 500회가 넘는 만남이었다. 그 과정에서 우리는 사업뿐 아니라 삶, 관계 등 다양한 주제로 서로를 깊이 알게 되었다. 이들은 나를 격려해주는 동시에 필요할 때는 가차 없이 솔직해졌고, 때로는 기댈 어깨가 되어주기도 했다.

첫 번째 그룹 구성원은 다음과 같다. 제이미 마스터스Jaime Masters (체계적인 사람), 숀 스티븐슨Shawn Stevenson(야심가), 로즈메리 그로너Rosemarie Groner(격려자), 토드 트레시더Todd Tressider(날카로운 질문을 던지는 코치). 두 번째 그룹은 다음과 같다. 마크 메이슨Mark Mason(어떤 상황에서도 긍정적인 면을 보는 익살꾼), 마이클 스텔즈너Michael Stelzner(남들이 보지 못한 해법을 그려내는 '빅 아이디어' 유형), 레슬리 새뮤얼Leslie Samuel(더 깊이 생각하게 만드는 탐구자), 레이 에드워즈Ray Edwards(항상 딱 맞는 표현을 찾아내는 글쓰기 달인), 클리프 레이번스크래프트Cliff Ravenscraft(모든 행동에서 열정이 드러나는 열정가).

이 두 그룹은 내게 가족 같다. 각 그룹의 구성원들은 책 제목을 정하는 일부터 삶의 방향을 바꿀 중대한 결정을 함께 곱씹는 일까지, 수많은 부분에서 힘이 되어주었다. 이 그룹들은 비즈니스와 삶에서 공통으로 마주하는 난제를 같은 언어로 이해하는 동료들을 만나게 해주었고, 그 과정에서 전문적 지원과 개인적 격려를 동시에 제공해주었다.

동료와 교류할 때는 자신의 지식과 경험을 솔직히 나누고 시간과 자원을 아낌없이 베푸는 태도가 중요하다. 대부분의 동료 그룹에서는 '준 만큼 돌아온다'는 점을 기억하자. 필요할 때는 주저 없이 도움이나 피드백을 요청하고, 건설적인 비판과 새로운 관점을 기꺼이 받아들이는 마음을 가져야 한다.

2021년 나는 SPI에서 사업의 초점을 온라인 강좌 제작에서 커뮤니티 기반 교육으로 완전히 전환했다. 서로를 지지해줄 수 있는 커뮤니티로 연결해주자 사람들이 처음에 기대했던 성과를 실제로 얻는 비율이 높아졌고, 성취를 함께 축하할 동료도 더 많아졌다.

우리 같은 강력한 커뮤니티를 찾는 것과 더불어 지금 여러분이 걷고 있는 길을 예전에 먼저 걸어본 사람들을 찾을 것을 강력히 권한다. 미지의 영역을 헤쳐나갈 때 멘토는 나침반과 같다. 그리고 모든 멘토가 같은 것은 아니다.

가상 멘토

오늘날과 같은 디지털 시대에는 전 세계의 전문가와 사상가에게 접근하는 것이 전례 없이 쉽고 광범위해졌다. 책, 강의, 팟캐스트, 영상 등을 통해 지식과 통찰을 나누는 이 가상 멘토들은 우리가 목표를 향해 나아갈 때 대체 불가한 길잡이이자 영감의 원천이 될 수 있다.

가상 멘토를 찾으려면 먼저 자신의 학습 여정과 가장 맞닿아 있는 핵심 기술, 지식 영역, 철학을 분명히 해야 한다. 그다음 해당 분야에서 자신과 잘 맞는 콘텐츠 창작자를 찾아보면 된다.

가상 멘토가 일대일 코치나 멘토만큼 개인화된 지도를 제공하지는 못해도 성장과 발전에서 수행하는 역할은 크다. 새로운 생

내 경우에도 가상 멘토가 여럿 있었다. 내가 변해가는 만큼, 내가 따라 배우는 대상도 함께 바뀌었다. 초창기에는 매일 들었던 팟캐스트 〈인터넷 비즈니스 마스터리Internet Business Mastery〉의 스털링과 제이가 내 가상 멘토였다.

그다음에 아웃소싱을 배울 때는 팀 페리스에게서 큰 도움을 받았다.

한동안은 개리 베이너척Gary Vaynerchuk을 통해 소셜 미디어에서 관객과 소통하는 법을 익혔고, 내가 응원하는 팀이 늘 실망스러운 성적을 내더라도 긍정성을 잃지 않는 법을 배웠다.

아이들이 생긴 뒤에 내 가상 멘토는 마이클 하이엇Michael Hyatt으로 바뀌었다. 그는 양육에 깊이 관여하면서도 사업을 성장시켰다. 그야말로 내가 지향하던 삶의 방식이었다.

가상 멘토와의 관계에서 최대의 가치를 얻으려면 수동적인 소비자가 아니라 적극적인 학습자가 되어야 한다. 그들의 온라인 커뮤니티에 참여하고, 질문을 던지며, 자신의 경험과 통찰을 나눠라. 많은 가상 멘토가 청중의 반응에 민감하게 반응하면서 질의응답Q&A 세션, 코칭 콜, 라이브 이벤트처럼 더 직접적인 상호작용의 기회를 제공하기도 한다.

그렇더라도 내 생각에 학습 속도를 가장 빠르게 높이고 목표 달성을 앞당기는 최고의 방법은 바로 여러분의 목표 달성에 전념해주는 '한 사람'을 두는 것이다. 즉 전담 멘토나 코치와 함께하는 것이 가장 효과적이다.

개인 멘토

개인 멘토는 여러분과 일대일로 함께 일하면서 여러분이 맞닥뜨리는 도전과 기회를 헤쳐나가도록 맞춤형 조언과 피드백, 지원을 제공한다. 코치, 조언자, 스승처럼 여러분의 성장과 성공에 깊은 관심을 가지고, 여러분이 잠재력을 최대한 발휘하도록 상당한 시간과 에너지를 기꺼이 투자한다.

개인 멘토를 찾으려면 먼저 삶이나 일에서 특히 지원과 안내가 가장 필요하다고 느끼는 구체적인 영역을 성찰해야 한다. 그다음 그 영역에서 성과를 이루고 여러분이 지향하는 가치와 자질을 체현한 사람들을 찾아라.

방법은 다양하다. 기존 네트워크의 사람들에게 손을 뻗거나 잠재적 멘토가 진행하는 행사나 워크숍에 참석하거나 존경하는 인물에게 콜드 콘택트cold contact(사전 교류 없이 처음 연락하는 행위로 한국에서는 보통 '콜드 콜cold call'이라고 한다—옮긴이)를 시도해볼 수도 있다. 잠재적 멘토에게 다가갈 때는 여러분이 무엇을 원하는지, 그리고 그 관계에 무엇을 가져올 의지가 있는지를 명확하고 구체적으로 전하라. 성공한 사람들은 기꺼이 지식과 경험을 나누고 싶어 하지만 멘토링 관계가 양측 모두에게 잘 맞는지도 중요하게 여긴다.

개인 멘토에게 다가갈 때는 여러분의 목표, 배움과 성장에 대한 헌신, 그들의 조언이 목표 달성에 어떻게 도움이 될지를 분명하게 말해야 한다.

나는 수년 동안 일대일 멘토들과 여러 차례 함께했다. 비즈니스만이 아니라 더 빨리 배우고 잠재력을 극대화하고 싶었던 삶의 거의 모든 영역에서 그랬다. 처음으로 철인 3종 경기를 준비할 때는 개인 트레이너와 훈련했고, 아들과 함께하기 위해 포트나이트를 배우고 싶었을 때는 열네 살짜리 아이에게 코칭을 받았다. 여러분이 가고 있는 길을 먼저 걸어본 사람에게는 배울 것이 많다. **소음을 걷어내주고, 흔한 함정을 피하게 해주며, 어려운 국면에서는 코치로서 옆을 지켜준다.** 게다가 '반드시 정해진 시간에 일대일 멘토를 만나야 한다'는 그 책임감만으로도 효과가 크다.

자신만의 챔피언팀을 구축하면서 여러분이 맺는 관계가 여러분의 학습과 성장뿐만 아니라 주변 사람들의 삶에도 영향을 준다는 사실을 기억하라. 다른 이들의 챔피언이 되어주고 여러분의 변화를 담은 이야기를 나눌 때 그 긍정적 힘이 여러분 주변을 넘어 파문처럼 번져갈 것이다.

이런 관계가 얼마나 가치 있는지 알았다면 이제는 여러분의 챔피언을 찾아 나설 차례다. 나는 제자들에게 자신의 네트워크와 인간관계를 점검해보라고 늘 권한다. 그러면 대부분은 챔피언이 이미 자기 곁에 여럿 있다는 사실에 놀란다. 아마 여러분도 그럴 가능성이 크다. 자, 함께 확인해보자.

나만의 챔피언 찾기

각기 다른 유형의 챔피언이 어떻게 학습 여정을 돕는지 알아 봤으니 이제 행동으로 옮길 차례다. 지금 당장 다음 단계들을 실 행에 옮기고 챔피언팀을 구축해보자.

1. 유형별로 잠재적 챔피언 목록을 만들라. 가족, 친구, 동료, 가상 멘토, 개인 멘토로 나눠 적는다. 현재의 네트워크에서 해당하 는 사람들을 떠올리고 새롭게 연결할 수 있는 대상도 브레인 스토밍한다.

2. 각 유형에서 최소한 한 명에게 연락하라. 자신의 목표와 포부를 공유하고 그들의 지지와 조언을 구한다. 그들이 여러분에게 어 떻게 도움이 될지 구체적으로 말하고, 피드백과 제안에 열린 태도를 갖는다.

3. 관심사나 목표 관련 동료 그룹에 참여하거나 직접 만들라. 온라인

커뮤니티, 지역 모임, 소규모 마스터마인드 그룹 등에 적극적으로 참여하거나 기여하고, 협업과 상호 지원의 기회를 찾는다.

4. 가장 끌리는 가상 멘토 한 명을 정하고 깊이 파고들라. 그들의 콘텐츠를 꾸준히 소비할 시간을 따로 확보하고 메모하며 그들의 전략을 삶과 일에 적용한다. 단, 과잉 소비의 함정에 주의하라. 균형이 핵심이다. 행동을 북돋울 만큼만 흡수하고, 몰입이 진전을 가로막지 않게 하라. 가능하다면 그들의 온라인 커뮤니티에 참여하고 직접 교류할 기회를 찾아, 정보를 수동적으로만 소비하지 말고 능동적으로 변화를 이끌어라.

5. 현재의 과제를 성찰하고 개인 멘토의 필요성을 판단하라. 필요하다면 잠재적 멘토를 조사한다. 그리고 명확하고 설득력 있는 요청을 하라. 자신의 목표와 열정을 밝히고는 그들의 조언이 어떻게 도움이 될지를 분명히 제시하라.

기억하라. 챔피언팀을 구축하는 일은 한 번에 끝나는 프로젝트가 아니라 계속되는 과정이다. 내가 성장하고 변하듯이 관계와 지원 체계도 함께 진화한다. 새로운 연결에 마음을 열고, 나의 지식과 자원을 아낌없이 나누며, 언제든 기꺼이 지원에 나서자.

탄탄한 챔피언팀을 길러두면 어떤 학습 과제를 만나든 훨씬 잘 버텨낼 수 있다. 다만 잊지 말아야 할 점이 하나 있다. 챔피언들은 우리를 멀리까지 데려다줄 수는 있어도 끝까지 우리 대신 걸어줄 수는 없다. 앞으로 나아갈수록 새로운 도전은 반드시 나타난다. 우리 안에서만이 아니라 바깥세상으로부터.

외부의 영향, 산만함, 예기치 못한 장애물은 가장 잘 짜인 프로젝트조차 탈선시킬 수 있다. 그래서 우리는 이러한 외부의 힘으로부터 목표를 향한 길이 선명하고 끊임없이 이어지게 할 방법을 다음 장에서 살펴볼 것이다.

소음을 제거하라: 필요한 순간에만 배우는 '적시 정보'의 힘

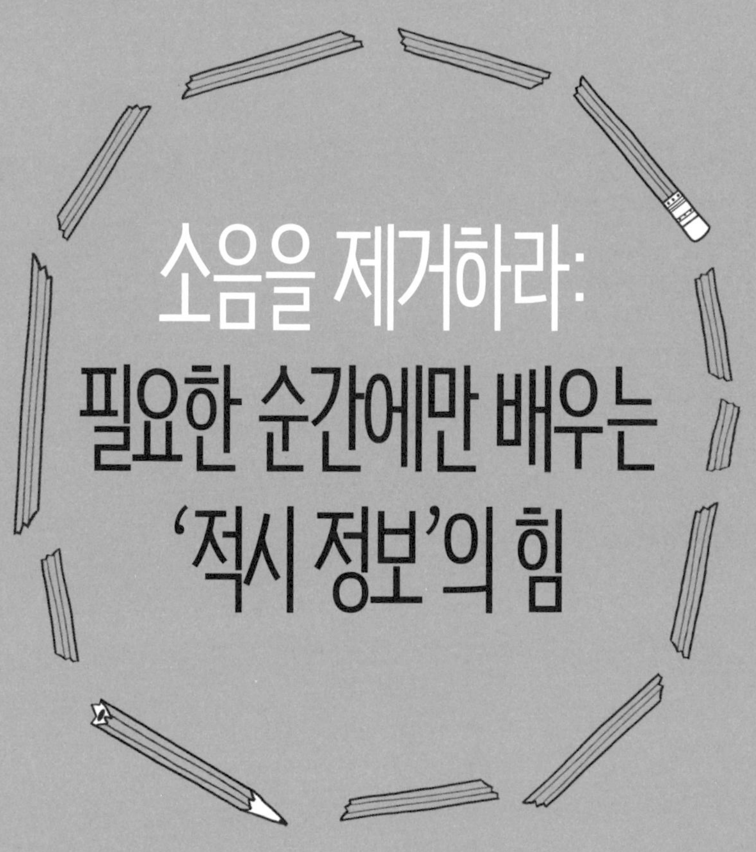

성공이 끝은 아니며,
실패가 치명적이지도 않다.
중요한 것은 계속 나아갈 용기다.

윈스턴 처칠
Winston Churchill

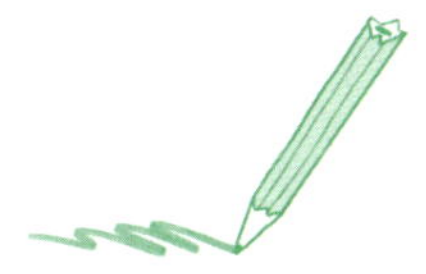

세상은 기회로 가득한 동시에 우리를 길에서 밀어내는 산만함과 장애물도 빼곡하다. 끝없이 내려가는 소셜 미디어의 스크롤, 집중을 산산이 깨뜨리는 휴대전화의 연이은 알림음 같은 건 누구에게나 익숙하다. 그런데 더 문제가 되는 건 겉보기엔 도움이 되는 듯하지만 실제로는 정반대의 효과를 내는 것들이다. 우리 편인 것처럼 숨어드는 이 교묘한 방해 요소들은 우리의 속도를 더디게 만든다.

계속 앞으로 밀고 나가며 몰입과 집중을 유지하려면 이런 숨은 함정을 먼저 알아채야 한다. 좋은 것만 통과시키고 나쁜 건 걸러내는 맞춤형 필터, 일종의 정신적 갑옷을 만든다고 상상해보자. 그렇게 소음을 줄이고 실제로 목표를 향해 나아가게 해주는 것들에만 초점을 맞출 수 있다. 내 친구 테리가 그때 이 방법을 알았더라면 얼마나 좋았을까. 테리 이야기를 해보겠다.

내가 건축사무소에서 일하던 시절 일주일 중 가장 기다리던 날은 따로 있었다. 일요일이다.

왜냐고? 시계처럼 정확히 아침 6시 30분에 우리는 캘리포니아 알라미다의 코리카 파크Corica Park 골프장 1번 홀에서 티오프tee off(각 홀을 시작하는 첫 샷─옮긴이)를 했다. 가장 가까운 회사 동료들인 테리, 조지와 함께였다. 우리에게 골프는 단순한 게임이 아니었다. 일주일에 한 번씩 도면과 건축 법규를 내려놓고 아이언(중·단거리 샷에 쓰이는 골프채─옮긴이)과 그린(홀 컵이 있으며 퍼팅하는 잔디 구역─옮긴이)을 논의하는 성스러운 의식 같은 시간이었다. 덕분에 월요일 출근길도 한층 즐거웠다.

우리는 모두 골프를 잘하고 싶어 했지만 테리는 그 수준이 남달랐다. 그는 골프에 단순히 관심이 있는 게 아니라 거의 집착했다. 회사에선 그의 컴퓨터 화면에 최신 골프 뉴스가 떠 있는 걸 흔히 볼 수 있었고, 책상 옆에는 〈골프 매거진Golf Magazine〉이

점점 높이 쌓여갔다. 클럽(골프채―옮긴이)은 늘 차 트렁크에 있었고, 퍼터(그린에서 짧은 거리를 굴려 넣는 데 쓰는 골프채―옮긴이)는 책상 옆에 두었다. 쉬는 시간마다 자동 리턴 퍼팅 매트로 퍼팅putting(그린 위에서 퍼터로 공을 굴려 홀 컵에 넣는 동작―옮긴이) 연습을 하기 위해서였다. 코스에 나가면 그의 골프 가방은 늘 정갈하게 정리되어 있었고, 모든 클럽에는 모교 스탠퍼드의 로고가 박힌 헤드 커버가 씌워져 있었다. 칼Cal(UC 버클리―옮긴이) 출신인 나로서는…… 그걸 너무 탓하진 않았다.

이 정도면 테리가 골프를 잘할 거라고 기대할 만하지 않은가? 나도 그랬다. 그런데 첫 라운드에서 그는 공을 연달아 생크shank(골프채의 헤드head와 샤프트shaft가 이어지는 부분에 공이 맞아 심하게 빗나가는 샷―옮긴이) 내며 아웃 오브 바운드out of bounds(정해진 경기 구역 밖으로 공이 나가는 것으로 한국에서는 'OB'라고 줄여서 부른다―옮긴이)로 보냈다. 몇 해가 지나도 눈에 띄는 향상은 없었다. 좌절만 늘어났다. 테리는 샷을 그르칠 때마다 자신을 스스로 코칭하고 교정해보겠다며 몇 번씩 스윙을 연습했지만 소용이 없어 보였다.

반면 겉보기에 조지는 테리만큼 골프에 집착하지 않았다. 그는 내 프로젝트 매니저였고, 그의 사무실에서 골프를 떠올리게 하는 건 사인볼 하나뿐이었다. 월요일부터 금요일까지는 철저히 업무 모드였다. 그런데 일요일에 18홀을 함께 돌고 나면 결과는 언제나 같았다. 조지가 우리 둘을 압도적으로 이겼다.

조지는 이른바 스크래치 골퍼scratch golfer, 즉 실력 차이를 바로잡는 추가 보너스 포인트나 핸디캡handicap(가산 타수―옮긴이) 없이도 상위 플레이어들과 겨룰 수 있는 사람이다. 프로로 뛰어본 적도 없고 타고난 천재형 선수도 아니었다. 우리처럼 완전 초보에서 시작했다. 다만 골프에 접근하는 방식(아마 삶의 다른 영역에서도 마찬가지였겠지만)이 그에게 더 빠르고 더 좋은 결과를 가져다준 것이 분명했다.

조지는 내가 만난 상사 중 최고였다. 내가 건축가로서 배운 것 대부분을 그에게서 배웠다. 그는 내가 회사 역사상 최연소 잡 캡틴Job Captain이 되도록 코치해주었다. 골프 이야기로 넘어가면 내가 누구를 본받고 누구에게서 배웠는지는 굳이 말하지 않아도 짐작할 것이다.

테리와 극명하게 대비되는 조지의 골프 접근법은 효율과 집중에 관한 값진 교훈을 준다. 테리가 끝없는 팁과 이론으로 머릿속을 어지럽혔다면 조지는 훨씬 간결하게 접근했다. 최신 골프 이론에 파묻히지도, 새로 나오는 장비 하나하나에 집착하지도 않았다. **그는 소비가 아니라 직접 해보는 것, 즉 플레이 자체에 집중하며 배우는 데 초점을 맞췄다.** 덕분에 머릿속 잡음은 날리고, 기술은 단순하게, 집중은 날카롭게 유지하며, 실력을 끌어올릴 수 있었다.

조지가 코스에서 보여준 이 전략은 우리 삶의 산만함을 다루는 데도 그대로 적용된다. 그가 끊임없는 골프 뉴스와 업데이트라는 소음을 '구독 취소'하고 자기 게임에만 집중했듯이 우리도 더 큰 목표를 향해 같은 원칙을 적용할 수 있다.

성취를 방해하는 모든 소음을 구독 취소하라

조지가 얼마나 골프를 잘 치는지 처음 보고는 물어보지 않을 수 없었다. "어떻게 그렇게 실력이 좋은 거예요?" 그의 대답은 아마 테리에게 날린 가벼운 농담이었을 것이다. "난 골프에 대해 더 배우려고 하지 않아요."

조지는 어떤 잡지도 구독하지 않았고, 케이블에서 골프 채널을 보기 위해 추가 요금을 내지도 않았다. 블로그 글을 읽지도 않았고, 새 드라이버driver(티샷에서 가장 멀리 보내기 위해 쓰는 골프 채—옮긴이) 기술에 대한 뉴스에도 관심이 없었다. 그는 그 모든 것에 대한 구독을 깔끔하게 취소했다.

모든 학습 여정에는 알아야 할 것을 모두 알게 되는 시점이 있다. 그다음에 필요한 건 행동뿐이다. 예전에는 이걸 실천하기가 훨씬 쉬웠지만 오늘날에는 가장 어려운 일 중 하나가 되었다.

우리는 늘 온라인에 연결되어 있을 뿐 아니라 우리가 쓰는 플랫폼들은 끊임없이 '여러분에게 꼭 필요하고 여러분이 원할' 정보들을 더 많이 밀어 넣도록 최적화되고 있다. 관심과 광고비를 둘러싼 치열한 전쟁터에서 불행히도 희생양은 우리다.

이를 막아내는 유일한 방법은 단호한 행동이다. **학습을 일관되게 진전시키지 않는 것들은 모조리 구독 취소하고 언팔로하라.** 어떤 사람들에게는 아예 '정보 파산information bankruptcy'을 선언해 모든 정보를 막고 다음 목표를 뒷받침하는 것들만 다시 들이는 과정이 필요할 수도 있다. 이상적으로는 목표와 정확히 맞물리고 실행도 가능한 한두 개의 믿을 만한 자원만 남기는 것이 최선이다.

구조화된 길잡이는 내키는 대로 이곳저곳에 조금씩 발을 담그는 것보다 훨씬 낫다. 잘 설계된 코스나 세심하게 선별된 콘텐츠 시리즈 같은 자원은 학습 자료를 논리적으로 따라가며 진도를 내게 해준다. 여기에 이미 그 길을 먼저 걸어본 사람의 안내까지 더해지면 여러분의 성장에 한계치 이상의 힘을 불어넣을 수 있다. 조지가 골프장에서 그랬던 것처럼 말이다.

하지만 큰 질문이 남는다. 언제 무엇을 배워야 하는지 어떻게 정확히 알 수 있을까? 여기서 내가 배운 가장 값진 교훈 하나가 나온다. 우리의 '린 러닝'과도 완벽하게 맞물리는 내용이고 지금이 그걸 배우기에 딱 좋은 때다.

적시 정보: 지금 단계에 필요한 것만 배우기

나는 비즈니스 코치 제러미에게서 '적시 정보JITI(Just-In-Time Information)'라는 개념을 처음 배웠다. 곰곰이 되짚어보니, 조지

머릿속 잡음은 날리고,
기술은 단순하게,
집중은 날카롭게.

는 골프에서도 이 '어프로치approach'를 그대로 적용하고 있었다.

필요한 정보만으로 시작하는 것도 중요하지만 단계마다 꼭 필요한 것만 계속 배우는 것은 더 중요하다. 이게 바로 JITI의 핵심이다. **지금 이 순간에 요구되는 정보에만 정확히 초점을 맞추고 그 밖의 모든 것은 의도적으로 차단하는 것.** '혹시 나중에 필요할지도 몰라서' 뭐든 모아두던 만성적 정보 저장가였던 내게 이 전략은 삶을 바꿔놓았다.

적시 정보는 린 러닝의 필수 요소다. 다음 한 걸음을 내딛는 데 필요한 최소한의 정보만 습득함으로써 정보 과잉을 막고 그 순간 가장 중요한 것에 집중하게 한다.

간단히 린 러닝 과정을 다시 정리하면 다음과 같다.

1. 다음 단계를 확인한다.
2. 그 단계를 끝내는 데 필요한 최소한의 정보만 모은다.
3. 행동으로 옮겨서 그 단계를 마친다.
4. 계속 반복한다.

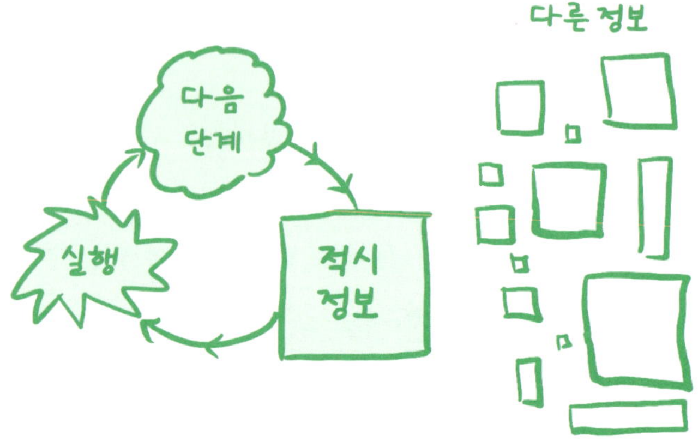

건축가로서 프로젝트를 시작하기 전에 모든 디테일을 철저히 조사하는 데 익숙했던 내게 이 방식은 낯설고 도전적이었다. 하지만 나는 복잡한 건물을 설계하는 게 아니었다. 사업을 시작했고 빠르게 전진할 필요가 있었다. 나는 제러미의 조언을 믿고 린 러닝에 JITI 개념을 받아들였다.

내 다음 단계는 학습 가이드를 쓰는 일이었고, 그래서 정보 수집도 거기에만 집중했다. 진정한 ITWEWWILL 방식으로 내 컴퓨터에 있던 마이크로소프트 워드Microsoft Word를 사용했다. 가이드가 완성되기 전에는 표지 디자인이나 판매 페이지 제작 같은 것에 신경 쓰지 않았다. 완성된 학습 가이드가 없으면 그런 단계들은 무의미했기 때문이다. 당장 필요한 정보를 모으는 데만 집중했기에 나는 모든 에너지를 좋은 콘텐츠를 만드는 일에 쏟을 수 있었다.

글을 쓰는 동안에는 텍스트 서식을 제대로 잡는 법, 정보가 잘 드러나는 표와 차트를 만드는 법, 탐색을 위한 하이퍼링크 다는 법처럼 현재 단계에 꼭 필요한 것들만 찾아 배웠다. 관련 없는 주제엔 일부러 발을 들이지 않았다.

학습 가이드가 완성되자 다음 단계인 표지 디자인으로 넘어갔다. 보기에도 전문적이고 매력적인 표지를 만들기 위해 필요한 자료와 정보를 찾아 집중했다.

그 작업을 마친 뒤에는 내 웹사이트 방문자를 고객으로 전환할 판매 페이지를 만들 차례였다. 내가 속한 비즈니스 커뮤니티의 추천에 따라 나는 곧 야닉 실버Yanik Silver의《문라이팅 온 더 인터넷Moonlighting on the Internet》이라는 책을 찾아보게 됐다.

그 책 맨 뒤에 판매 페이지 쓰는 법을 다룬 장이 있었는데, 빈 칸에 제품명, 기능, 혜택, 가격을 넣어 완성하는 매드 립스Mad

Libs 스타일(미국의 유명한 단어 끼워 넣기 게임처럼 빈칸에 필요한
단어만 채워 넣는 형식―옮긴이) 서식이 실려 있었다. 나는 그 책
에서 그 장만 읽었다. 딱 내게 필요하던 것이었다.

판매 페이지를 공개한 뒤에도 JITI는 제품을 출시하고 주문을
실행하는 전 과정을 끝까지 이끌어주었다. 필요한 정보는 어떤
때는 내가 속한 커뮤니티의 자료에서 나왔고, 또 어떤 때는 그
냥 구글 검색이면 충분했다.

한 번에 한 단계에만 집중하면서 그 단계에 필요한 정보만 모
으자 모멘텀을 유지할 수 있었고 압도당하지도 않았다.

필요한 자료와 지식은 늘 어딘가에 있었다. 다만 내 여정에서
그걸 꺼내 쓸 '때'가 오기 전까지는 손댈 필요가 없었을 뿐이다.
이런 집중 전략 덕분에 처음 상상했던 것보다 더 좋은 학습 가
이드를 만들 수 있었다. 린 러닝 과정에서 '적시 정보'가 얼마
나 효과적인지에 대한 강력한 교훈이었다.

단계를 하나씩 끝낼 때마다 모멘텀과 자신감이 붙었다. 제때
알맞은 정보를 찾아 계속 전진하기만 하면 길은 저절로 펼쳐

질 것이라 믿었고 매번 작은 이정표들을 만날 때마다 축하했다. 한 단계를 열자마자 곧바로 다음 단계를 열기 위한 답을 재빨리 찾을 준비가 되었고 결과가 나왔다.

2008년 10월 나는《LEED 공인 전문가 시험 대비 단계별 학습 가이드LEED AP Walkthrough Study Guide》를 내놓았고 첫 달에 총 7908.55달러의 매출을 올렸다. 매출은 계속 증가했고, 똑같이 JITI 원칙을 적용해 오디오북 버전도 만들었다. 현재 '그린 이그잼 아카데미'는 여전히 사람들의 LEED 합격을 돕고 있고 누적 매출은 100만 달러대를 훌쩍 넘어섰다.

SPI에서도 우리는 똑같이 핵심 정보 집중 방식으로 강좌를 설계한다. 처음부터 모든 정보를 한꺼번에 쏟아붓기보다는 학습자들이 한 번에 하나의 레슨에 필요한 지식에만 집중하도록 유도한다. 이런 포맷 덕분에 우리의 수료율은 업계 평균인 5~10퍼센트를 훌쩍 뛰어넘는 최대 37퍼센트에 이른다.

포모FOMO를 이기는 심리 필터

적시 정보에 충실하게 다음 단계에 꼭 필요한 정보에만 집중하다 보면 포모FOMO(Fear Of Missing Out, 소외되면 안 된다는 두려움이나 불안감―옮긴이)를 마주할 수 있다. 이 두려움은 여러 소스를 샅샅이 뒤지지 않으면 중요한 걸 놓칠지 모른다는 걱정에서 비롯된다. 자연스러운 감정이지만 사실 포모는 *경고등이라기보다 덫에 가깝다.* 움직임을 멈추게 하거나 불필요한 곁가지로 새게 만든다.

흔한 해결책은 방해될 만한 걸 전부 끊어버리는 것이지만 문제는 단번에 끊어버리는 것이 어렵다는 점이다. 나처럼 이메일과 소셜 미디어로 사람들과 소통하고 관계를 쌓아야 한다면 당장 필요하진 않아도 언젠가 유용할 듯한 알짜 정보가 피드에 뜨는 걸 완전히 피하기는 어렵다.

어쨌든 포모 때문에 끝없이 정보를 수집하면서 그에 압도당하거나 성과가 지연되는 것을 막으려면 이렇게 하자.

1. '나중에 보기' 시스템 만들기

노션Notion, 에버노트Evernote, 클릭업ClickUp 같은 생산성 앱에 '나중에 보기' 폴더를 만든다. 지금 작업과 관련 없는 흥미로운 정보가 보이면 전부 거기에 저장한다. 급하지 않은 정보를 분리해서 작업 공간을 깨끗하게 유지하면 지금 해야 할 일에 집중할수 있다. 재미있게도 이 폴더를 다시 들여다보지 않을 가능성이 99퍼센트다. 핵심은 산만함을 옆에 치워두고 다시 본궤도로 돌아오는 것이다.

2. 선택한 길 신뢰하기

여러분이 고른 간결한 경로를 믿어라. 신뢰가 생기면 스스로 의심하는 일이 줄고, 더 많은 정보를 찾기 위해 옆길로 새고 싶은 충동도 줄어든다.

3. 정보 경계 설정하기

어떤 종류의 정보가 언제 필요한지 경계를 분명히 하라. 잡음을 걸러내고 지금 단계에 진짜 필요한 것만 남긴다.

4. 포모를 점검 지점으로 쓰기

포모를 부정적으로만 보지 말고 현재 정보가 얼마나 필요한지 재점검하는 신호로 활용하자. '이 감정이 지금 당장 필요한 걸 가리키는가, 아니면 그저 산만함일 뿐인가?' 처음에는 의식적인 노력이 필요하지만 충분히 연습하면 습관으로 자동화된다.

5. 학습을 스케줄링하기

나중에 쓸모 있을 만한 새 정보에 쏟을 시간을 배정해둔다. 그러면 당장의 작업에 집중하면서도 나중에 폭넓은 학습을 할 시간이 있다는 사실에 포모가 줄어든다. 이 예약된 학습 방식을 좀 더 알아보자. 아마 들어본 적이 있는 전략이겠지만 조금 변형된 방식으로 살펴보자.

타임 블로킹:
집중을 보호하는 무적의 갑옷

린 러닝의 힘을 제대로 끌어내려면 다음 단계에만 집중하는 전용 시간을 마련해야 한다. 여기서 타임 블로킹 time blocking(하루를 '시간 블록'으로 나누고 각각의 블록을 한 작업에만 배당하는 시간 관리법—옮긴이)이 등장한다. 하지만 이건 단순히 캘린더를 시간으로 나누는 일로 끝나지 않는다.

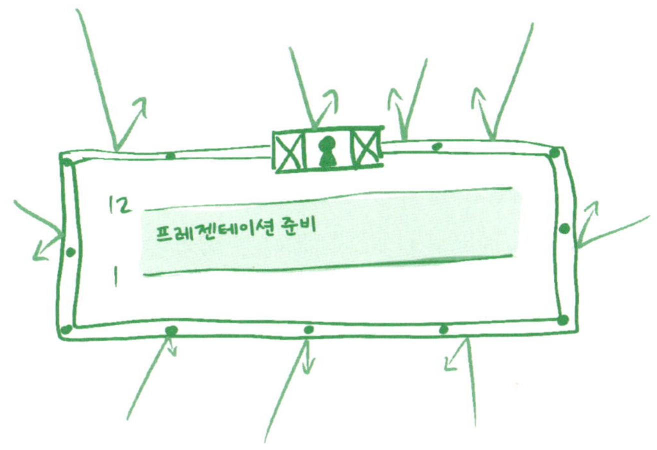

타임 블로킹은 오래된 시간 관리 기법이지만 최근《딥 워크》와 《디지털 미니멀리즘》의 저자 칼 뉴포트 덕분에 다시 주목받고 있다.

핵심은 하루를 의도적으로 설계하는 것이다. 스케줄을 블록으로 나누고 수행할 작업(혹은 관련 작업 묶음)을 배정한다.

다만, 이걸 정말 작동하게 하려면 기계적으로 블록을 추가하는 것만으로는 부족하다. **'명사로서의 타임 블로킹'이 아니라 '동사로서의 타임 블로킹'에 집중하는 마인드셋이 필요하다.** 캘린더에 블록을 만들었다고 해서 타임 블로킹을 한 게 아니다. 집중을 위한 밀폐된 공간을 만들고 그 시간에는 다른 모든 것을 차단하도록 캘린더를 설계했을 때 비로소 타임 블로킹을 한 것이다.

세상의 방해와 끼어들기로부터 자신을 지키기 위한 타임 블로킹은 집중을 방패처럼 보호해서 해야 할 일과 우선순위를 통제하게 해준다.

타임 블로킹의 핵심은 각 블록에 속한 동안 눈앞의 일에 온전히 집중하는 것이다. 멀티태스킹도 산만함도 금지다. 오직 여러분과 해야 할 일만이 있을 뿐이다. 그렇게 진전을 이뤄낸다.

나는 타임 블로킹으로 하루를 설계한다. 업무부터 취미, 심지어 가족 시간까지 캘린더에 전용 시간을 잡아두면 무엇을 언제 해야 하는지 따로 고민하지 않아도 된다. 목표를 향한 실제 행동은 그 시간을 캘린더에 포함시켰을 때 비로소 일어난다.

안타깝게도 글로 읽어보면 멋져 보이지만 현실에서는 흔한 문제가 발생한다. 나도 겪었고, 내 수강생들도 겪었고, 아마 여러분도 겪었을 것이다. 캘린더에 올려놨다고 해서 일이 저절로 끝나지는 않는다.

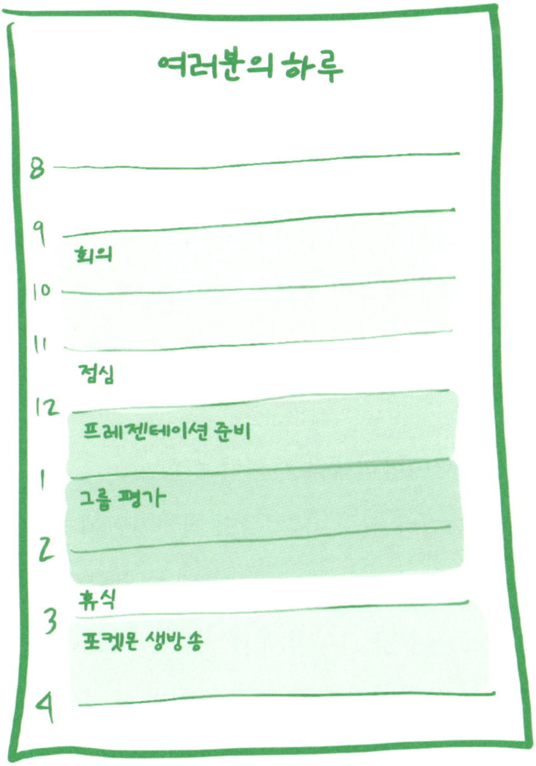

현실에는 늘 변수가 있다. 집중하려는 찰나 알림이 흐름을 끊고 옆방에서 아기가 운다. 초인종 소리에 강아지가 짖고 아이를 학교에서 데려와야 할 때도 있다. 타임 블로킹은 이론상으로는 완벽하지만 실제로는 어렵다. 외부 요인이 우리의 일정에

스며들면 계획을 바꿔야 하고, 아예 포기해야 할 때도 있다. 그리고 그때 가장 먼저 지워지는 게 뭔지 아는가? *새로 시간을 내서 실행해보려던 바로 그 영감들이다.*

대니얼 카너먼은 베스트셀러 《생각에 관한 생각》에서 오늘날 만연한 집중과 산만함의 문제를 다룬다. 그는 우리가 찾지 않으면 보지 못하는 것들이 얼마나 많은지 여러 사례로 보여준다.

특히 유명한 것이 '선택적 주의력 실험selective attention test'이라고도 불리는 '고릴라 실험'이다. 실험 참가자들에게 둥글게 서서 농구공을 주고받는 선수들을 보며 패스 횟수를 세라고 한다. 그러면 많은 사람이 그사이 무대 중앙으로 걸어 나와 춤까지 추고 가는 고릴라 가면을 쓴 인물을 아예 보지 못한다. 카너먼은 이를 '맹목'으로 설명한다. 그의 말대로 우리는 "분명한 것에 눈먼" 것만이 아니라 "자신의 맹목에도 눈먼"[1] 존재다.

산만함을 완전히 피할 수는 없지만 당장 이를 줄여줄 두 가지 방법이 있다. 첫째는 칼 뉴포트가 알려준 방법으로, 방해 요소까지 일정에 넣는 것이다. 내가 진행하는 팟캐스트에서 칼은 이렇게 말했다. "방해 시간을 일정에 넣는 것이 도움이 됩니다. 그

예정된 시간 이외의 모든 시간에도 뇌는 '즉각적 자극'을 갈망하기 때문입니다. 방해 시간을 일정에 넣는 것은 '좋아, 그 자극도 줄게. 하지만 내가 정한 시간에 줄게. 바로 20분 뒤야'라고 말하며 버티는 거예요. 그 20분은 자극 욕구에 노출되면서도 굴복하지 않는 연습이 됩니다."

둘째는 새로운 영감을 위해 비워둔 시간을 지키는 것이다. 하루 한 시간이든 일주일에 30분이든 상관없다. 그 시간을 존중하자. 스스로 하겠다고 말한 일을 끝까지 해내는 연습을 하자.

기억하자. 관련이 없으면 잘라내라.

변화를 방해하는 주변의 목소리에 대처하는 법

행동에 뛰어들 기회를 최대로 만드는 법을 익혔다면 이제는 새로운 영감에 따라 미지의 영역으로 나아갈 때 대개 필연적으로 일어나는 일에 대해 알아야 한다. 여러분은 난관과 좌절을 만나게 된다. '만약'의 문제가 아니라 '언제'의 문제다.

새로운 영감에 따라 여정을 시작하면 곧 알게 된다. 성공으로 가는 길은 좀처럼 직선이 아니라는 사실을. 장애물이 있고, 우회로가 있으며, 포기하고 싶은 순간도 찾아온다. 심지어 권태가 고개를 들고는 '계속할 만큼 진심이야?'라고 결심을 흔들기도 한다. 하지만 핵심은 이것이다. 권태를 포함한 이런 도전들은 길을 막는 장벽이 아니라 성장을 위한 발판이다.

다음 장에서는 흥분이 가라앉고 지루함이 스며들 때도 궤도를 지키며 난관을 돌파하는 여러 전략을 살펴볼 것이다. 그러니 지금은 영감을 좇는 과정에서 마주하는 굴곡을 어떻게 헤쳐나갈지 살펴보자.

당신의 성장을 끌어내리려는 안티 챔피언

응원단과 챔피언이 있는 곳에는 기를 꺾으려는 사람들도 반드시 있다. 해고된 뒤에 얼마나 자주 "언제 제대로 된 일자리 구할 거야?"라는 말을 들었는지 모른다. 온라인에서 내 사업이 꽤 잘되고 있을 때도 그랬다. 사람들은 이해하지 못하는 것을 비난하고 의심한다. 나와 예전 동료들, 심지어 몇몇 친구 사이에서도 정확히 그런 일이 벌어졌다.

어떤 사람들은 해고된 사람이 이전보다 나은 무언가를 만들어 낼 수 있다는 사실을 믿지 못했다. 건축 쪽에서 일하는 옛 친구들에게 지금 내가 무엇을 하고 있는지 말하면 가장 흔한 반응은 연민이었다. 나를 안쓰럽게 여겼다. 당연히 큰 격려가 되지는 않았다.

힘들었다. 그래서 결국 그런 부정적인 목소리와 거리를 두었다. 다행히 내 편이 되어주는 챔피언들이 있었기에 부정적인 반응을 마음 깊이 새겨두지는 않았다(하지만 나도 사람인지라 그 말들은 여전히 상처가 됐다). 결국 깨달은 것이 있었다. 그들의 말은 그들 자신의 불안과 불신을 비춘 거울이었다. 나와는 상관없는 것이었다.

양동이에 게를 가득 담아두면 도망치는 게가 하나 있어도 걱정할 필요가 없다고 한다. 한 마리가 양동이를 기어오르려는 순간 다른 게들이 집게발로 끌어내리기 때문이다. 우리가 사는 세상도 그렇다. 안티 챔피언들은 양동이 속의 게들이다. 우리가 자신을 끌어올리고, 특별한 일을 해보려 하고, 자신이나 다른 사람을 위해 변화를 만들려 할 때 특히 극성이다. 우리를 해치고 싶어서라기보다는 익숙한 현상을 유지하고 싶어서다. 그게 안전해 보이니까.

'양동이 속의 게crabs in a bucket'라는 개념은 필리핀 언론인이자 인권운동가인 니노치카 로스카Ninotchka Rosca가 처음 제시했다. 그는 일부 사람들에게 '게 심리crab mentality'가 있다고 주장했다. 자신이 가지지 못하면 누구도 가져서는 안 된다고 믿는 태도다. 일종의 결핍 사고다. 우리 주변에는 늘 온갖 이유로 우리를 끌어내리려는 사람들이 있다. 다른 사람을 자기 수준에 묶어두는 일이 그들에게는 기분 좋게 느껴지기 때문이다.

자신의 꿈을 향해 나아갈 때는 그 '게'를 경계하라. 우리 모두는 어떤 '양동이'에서 출발한다. 우리가 그곳을 기어올라 다음 단계로 가려 할 때마다 우리의 성장을 막으려는 사람들이 나타난다. 그들은 우리가 하려는 일을 보면서 우리를 정반대 방향으로 이끌려 하고, 심지어 그게 도움이라고 믿기도 한다. 하지만 우리에게 무엇이 최선인지 다른 사람은 모른다. 오직 우리만 확실히 안다.

물론 때로는 비판자들이 건네는 지혜도 있다. 그래서 모든 목소리에 귀를 완전히 닫아서는 안 된다. 다만 누군가가 자신이 해내지 못했기 때문에 여러분도 못 할 거라고 단정한다면 그는 '게'다.

그래서 챔피언을 찾는 일이 중요하다. 챔피언은 우리를 흔드는 사람들 사이에서도 우리가 궤도를 유지하게 도와준다. 진짜 북쪽을 찾는 일과 길에서 벗어날 때마다 방향을 찾으며 계속 전진하는 일은 완전히 다르다. 여러분의 챔피언은 나침반이다. 그들과 단단히 연결되어 있으면 목적지에 닿을 수 있다.

상처받은 사람은 남을 상처 입힌다

내 아들 키오니는 열 살이 되었을 때 유튜브 채널을 시작해보고 싶다고 했다. 유튜버인 나로서는 너무 뿌듯했다! 스스로 영상을 찍고, 편집을 배우며, 이야기를 잘 풀어내고, 어쩌면 용돈벌이도 해서 포켓몬 카드를 사거나 로스 IRA Roth IRA (비과세 혜택을 받는 미국의 개인 은퇴 저축 계좌—옮긴이)도 시작할 수 있겠다(둘 다 똑같이 중요하니까)는 상상까지 했다. 하지만 한편으론

악플러와 안티들도 떠올랐다. 얼굴이 인터넷에 공개되면 별의별 사람들이 찾아와 별의별 말을 할 수 있다. 그건 절대 괜찮지 않았다. 아내와 긴 논의 끝에 유튜브 계정을 만들되 키오니가 올리는 모든 영상은 우리가 감독하기로 했다.

규칙은 간단했다. 촬영도 편집도 전부 스스로 할 것. 우리는 도와주지 않는다. 우리는 그저 안전한지 지켜보고 필요한 것을 아주 솔직하고 분명하게 알려주는 역할만 맡는다.

그래서 우리는 아들과 마주 앉아, 비판 속에서 배운 교훈을 들려줬다. "채널을 시작하는 건 정말 응원한다. 표정만 봐도 얼마나 기대되는지 보이는구나. 그런데 한 가지 알아둘 게 있다. 채널을 열면 마음에 상처 주는 말을 하는 사람들이 들어올 수도 있어. 못되게 굴고, 상처 주는 말을 하고, 너를 끌어내리려 들 수도 있지. 이유는 여러 가지야. 하지만 꼭 기억하자. 상처받은 사람은 남을 상처 입힌단다. 누군가가 나쁜 말로 다른 사람을 깎아내릴 때는 대개 그 사람의 삶 어딘가에서 다른 문제가 벌어지고 있기 때문이야. 네가 하고 있는 일이 선하고 사람들에게 가치가 있다는 사실을 너 스스로 알고 있다면 그 사람이 뭐라고 떠들든 그건 네 문제가 아니야."

두어 달이 흘렀고, 키오니는 몇 편의 영상을 만들었다. 채널에서 키오니는 퍼즐을 리뷰하고 골판지로 스키볼Skee-Ball(경사로 위에 굴린 공을 구멍에 넣어 점수를 얻는 아케이드 게임—옮긴이) 기계를 만드는 등 재미있고 창의적인 일들을 했다. 그 영상은 수만 회의 조회수를 기록하며 입소문을 타기도 했다. 그리고 얼마 지나지 않은 어느 날 아침, 키오니가 내게 말했다. "아빠, 누가 내 영상에 악플을 달았어." 그런 일이 처음 생기면 말해달라고 미리 일러두었기에 곧장 채널에 들어가서 댓글을 확인했다. 거기엔 이렇게만 적혀 있었다. "죽어버려."

믿을 수가 없었다. 부모로서 분노가 치밀어 올랐다. 몹시 화가 났지만 아들을 위해 침착함을 유지했다. 아들이 어떻게 느끼는지 지켜보며 그 댓글에 대해 어떻게 생각하느냐고 물었다. 잠시 생각하더니 키오니가 대답했다. "그 사람이 괜찮으면 좋겠어."

그 순간 눈물이 났다. 악플러에 대해 내가 가르쳐준 교훈이 삶에서 가장 중요한 깨달음 가운데 하나를 이해하도록 아들을 도왔던 것이다. 내가 수년 만에야 배운 깨달음이었다. 예전의 나는 안티와 악플러 때문에 몇 번이고 그만둘 뻔했었다.

사람이 왜 그렇게 행동하는지 이해하려는 이러한 배움은 중요하다. 특히 누군가가 공격적으로 다가오는 동기를 더 분명히 볼 수 있으면 삶에서 겪는 고통과 좌절을 크게 줄일 수 있다.

우리 모두는 각자 뭔가를 배우고 삶을 개선하려고 애쓰는 과정에서 언젠가는 비판자, 안티, 괴롭히는 사람을 만나게 된다. 더 나아지려고 할수록, 새로운 것을 찾아 자신의 삶을 개선하려고 할수록 우리를 끌어내리려는 사람들도 나타난다는 사실을 잊지 마라.

그들이 진정으로 원하는 것은 대개 우리와 다르다. 이해받고 싶어 하고 '괜찮다'는 말을 듣고 싶어 하는 것이다. 우리는 그들이 원하는 것을 직접 해줄 수 없을 때가 많다. 하지만 그들의 비난을 배움의 선물로 받아들이고, 거기서 얻은 통찰에 조용히 감사하며, 멀리서 공감을 보내는 일은 가능하다.

상처를 주려는 의도가 분명해 보여도 이렇게 하는 것이 가장 낫고 건강한 대응이라고 믿는다. 그편이 마음이 더 편하기 때문이다.

'예스(Yes)'를 거절하라

몇 해 전 나는 디자이너이자 기업가인 폴 자비스Paul Jarvis를 인터뷰했다. 그는 애초의 의도에 집중하고 '많을수록 좋다'는 사고방식에서 과감히 벗어나는 지혜와 힘을 보여준다.

자신의 디자인 사업을 시작했을 때 폴은 곧 갈림길에 섰다. 그의 작업에서 큰 영향을 받은 의뢰인들은 지인들에게 계속 그를 추천했고 새로운 프로젝트 제안이 끊이지 않았다. 그는 더 많은 사람을 고용하고 더 많은 고객을 받는 식으로 성장을 추구하는, 전형적인 확장 경로를 따라갈 수도 있었다.

그러나 폴은 그 길이 자신이 가장 소중히 여기는 것들(자유, 일에서의 즐거움, 질 높은 결과물을 꾸준히 내는 능력)을 희생시키리라는 사실을 알아차렸다. 그래서 그는 무한한 성장의 유혹보다는 이러한 요소들을 우선순위에 두기로 했다.

그는 인터뷰에서 이렇게 말했다. "비용과 고정비가 너무 커져서 결국 모든 일에 무조건 '예'라고 말할 수밖에 없는 상황에 놓이고 싶지 않았어요."

폴은 또한 책상에 앉아 글을 쓰는 것처럼 자신이 좋아하는 일들에서 멀어지게 하는 의사결정을 하고 싶지 않았다. 그는 '아니오'의 힘을 알았고 **진정으로 좋아하는 일에 '예'라고 말하기 위해 기꺼이 '아니오'를 선택했다.** 그렇게 해서 단순히 덩치를 키우는 대신 더 나은 일에 초점을 맞춘 1인 기업을 키워갔다.

더 클수록 좋다는 사고방식에서 과감히 벗어난 덕분에 폴은 자신의 가치와 목표에 진정으로 맞는 사업을 만들 수 있었다. 함께 일할 고객을 엄격히 선별하고 서비스에 더 비싼 값을 매기면서도 그는 자율성이나 일에서 느끼는 즐거움을 희생하지 않고 수익을 키워갔다.

내 사업이 성장하고 더 많은 기회가 찾아오면서 나 역시 필요 이상으로 많은 것에 '예'라고 말하고 있었다. 폴 덕분에 속도를 늦추고 내 사업을 어디로 어떻게 이끌지 더 의식적으로 결정할 수 있었다. 나는 폴처럼 '1인 기업company of one'은 아니지만 '재미있는 기업company of fun'은 가지고 있다. 좀 유치하게 들릴지 모르지만 사실이다.

포기의 기쁨

학습을 이어가다 보면 다음에 무엇을 하느냐가 성공(혹은 실패)에 직접적인 영향을 미치는 결정적 순간을 마주하게 된다. 성과에서 생기는 모멘텀과 자신감은 종종 도취감을 불러와, 처음 계획보다 더 많은 일을 떠안게도 한다. 여러 프로젝트를 한꺼번에 진행하고, 작업에 새롭게 복잡한 층을 얹고, 더 많은 것을 좇느라 자신을 지나치게 소모하는 함정에 빠지기 쉽다.

이건 특히 내 팟캐스트 강의 수강생들이 자주 겪는 문제다. 원래는 한 개의 팟캐스트를 시작하려고 마음먹었다가, 막상 생각만큼 어렵지 않다고 느끼면서 두 번째 팟캐스트를 시작하게 된다. 그러다 보면 어느새 두세 개의 팟캐스트를 동시에 운영하고, 각각의 영상 버전까지 만들고, 유튜브 채널도 여러 개 돌리고, 소셜 미디어용으로 짧은 클립까지 잘라내 재가공하게 된다.

처음에는 여러 가지를 한꺼번에 하는 것이 신나고 짜릿하게 느껴질 수 있다. 하지만 결국 피로감과 과부하가 찾아오고 처음 세웠던 목표에는 집중력을 잃게 된다. 시간이 좀 지나면 도저히 따라잡을 수 없겠다는 느낌이 들고, 마침내 전부 내려놓게 된다.

이 함정을 피하는 핵심은 애초에 왜 학습을 시작했는지를 잊지 않는 것이다. 그 출발점에 불을 붙인 핵심 가치, 열정, 목표는 무엇이었는가? 그 원래의 의도와 연결되어 있을수록 끝없이 확장하라는 유혹 속에서 방향을 잃지 않고, 진짜 우선순위와 맞지 않는 기회는 과감히 포기할 수 있다.

가치와 우선순위가 무엇인지(혹은 무엇이어야 하는지) 어떻게 알 수 있을까? 간단하다. 여러분의 일정표를 보라. 달력을 보면 그 사람이 보인다. **가치 있다고 말하는 것이 가치가 아니다. 시간을 내주는 것이 곧 가치다.**

따라서 우선순위를 파악하는 첫걸음은 하루, 일주일, 한 달 단위로 시간을 실제로 어떻게 쓰고 있는지 들여다보는 것이다.

그다음 스스로에게 물어보라. 정말 이렇게 시간과 에너지를 쓰고 싶은가? 어딘가 엇나가고 있지는 않은가? 만약 마법 지팡이를 한번 휘둘러서 하루를 마음대로 구성할 수 있다면 어떻게 보내고 싶은가? 그 답이 바로 '무엇이 진짜 중요한가?'의 출발점이다.

지금 당장 모든 것을 정할 필요는 없다. 다만 중요하지 않은 일들을 꾸준히 하고 있거나 정말 중요한 것들에 공간을 내어주지 못하고 있다면 이제는 진지한 성찰의 시간이 필요하다.

우리가 어디에서 누구와 시간을 보내는지를 주의 깊게 살펴야 핵심 가치가 드러난다. 새로운 기회가 그 우선순위와 경쟁한다면 실제로는 스스로 말해온 가치를 그만큼 중시하지 않는다는 사실을 인정해야 한다. 혹은 가장 중요한 것에 집중한 채 결과는 결과대로 흘러가게 두어야 한다.

그렇다고 새로운 도전이 나쁘다는 뜻은 아니다. 때로는 추가 프로젝트나 책임이 궁극적 목표에 들어맞을 때도 있다. 다만 중요한 것은 무엇을 기꺼이 내줄지, 무엇은 내주지 않을지를 분명히 이해하고 신중하게 결정하는 일이다. 포기의 기쁨을 알게 되면 그 순간 매력적으로 보여도 핵심 목적에 맞지 않는 일에 과감히 '아니오'라고 말할 수 있다.

본질이 아닌 것들에 '아니오'라고 말하면 진정으로 마음을 뛰게 하고 최고의 일을 해내게 하는 것들을 위한 공간이 생긴다. 폴 자비스처럼 성장 그 자체를 위한 성장 대신 품질, 즐거움, 일치를 우선하는 삶과 비즈니스를 설계할 수 있다.

학습을 이어가는 동안 집중력을 지키고 처음의 의도를 붙드는 일 자체가 강력한 자기 보존의 행위임을 기억하자. 진로를 흐리는 소음과 산만함에서 과감히 빠져나오자. 무엇이 중요한지 알고 그것을 추구할 용기를 가져야 자유와 충만함이 따라온다.

다음 장에서는 이 명확함을 집중적으로 실행하는 법을 살펴볼 것이다. 포기의 기쁨에 여정의 가장 강력한 한 걸음을 더하면 앞으로 마주할 도전과 기회를 능숙하게 헤쳐나갈 수 있을 것이다.

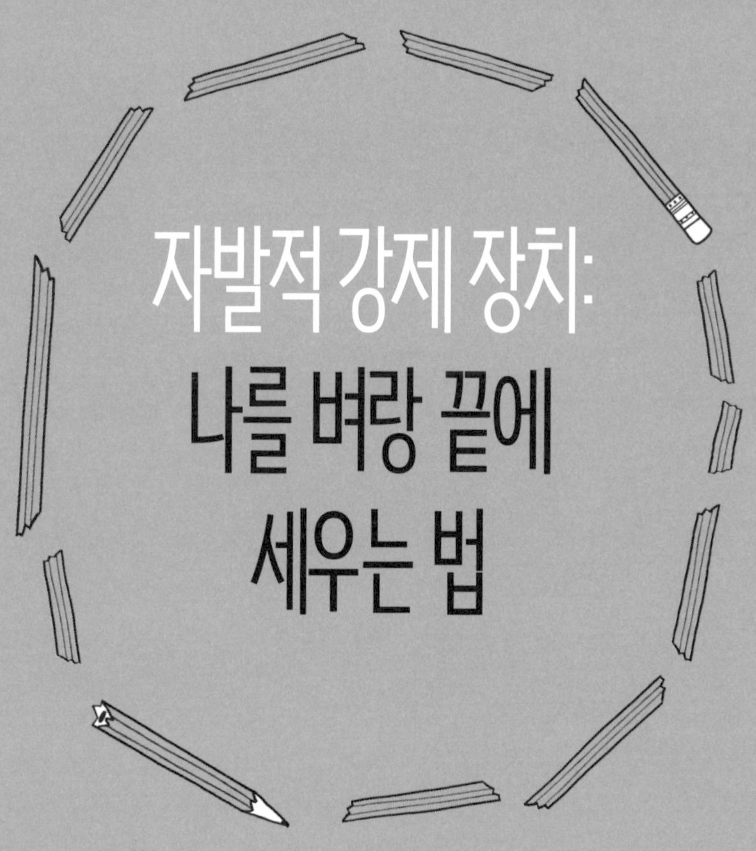

자발적 강제 장치:
나를 벼랑 끝에
세우는 법

압박감은 특권이다.
그것은 당신이 무언가
중요한 일을 하고 있다는 증거다.

빌리 진 킹
Billie Jean King

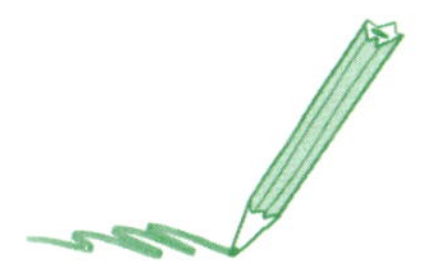

누구나 원해서가 아니라 어쩔 수 없어서 빨리 배워야 했던 벼랑 끝의 순간을 겪는다. 중요한 시험을 벼락치기하거나 촉박한 업무 마감에 쫓기거나 해고 뒤에 하루빨리 삶을 추슬러야 했던 때처럼 편안한 곳에서 밀려나 빠르게 해결책을 찾아야 하는 순간이 있다.

돌이켜보면, 내게 그런 경험들은 대부분 반응에 가까웠다. 일부러 높은 압박의 순간을 고른다기보다는 새로 시작한 일이나 피할 수 없었던 상황에 딸려온 부산물에 가까웠다. 물론 그런 도전 덕분에 성장하긴 했다. 그래서 이런 생각이 들기 시작했다. '그렇다면 일부러 압박이 더 높은 환경에 자신을 두면 학습 속

도를 더 끌어올릴 수 있지 않을까?'

이 질문이 바로 이 장의 핵심이다.

나는 이것을 '자발적 강제 장치 Voluntary Force Functions'라 부른다. 일부러 만만치 않은 환경(스스로 한 단계 더 올라서야만 하는 환경)에 들어가면 약속을 끝까지 지키고 목표에 도달할 확률이 높아진다. 이런 선택된 환경은 빠른 학습과 개인적 성장을 활성화한다. 린 러닝에서 특히 강력하게 작동한다. 말하자면 새로운 기술을 스피드런 speedrun(게이머들의 표현으로, 최대한 빨리 엔딩에 도달하는 기록 경쟁)하듯이 익히는 나만의 핵심 비법이 되었다.

우리가 때를 기다리는 대신 당장 해야만 하는 상황에 자발적으로 들어가면 일시적이면서도 전략적인 압박을 동력 삼아 삶을 바꿀 수 있다. 이는 성장을 의도적으로 택하는 일로서 자신을 삶의 수동적 관객에서 자기 발전의 설계자로 이동시키는 일이다.

다만 성장과 학습을 위해 압력을 높이는 것과 의도적으로 자신을 번아웃이나 붕괴 직전까지 몰아붙이는 것 사이에는 미묘

한 균형이 있다. 이 균형에 반드시 유의해야 한다.

나는 창업가이자 여러 스타트업의 자문으로서 스스로 만든 도전이 한 사람의 정신적, 신체적 건강에 어떤 결과를 낳는지 수없이 목격해왔다.

자발적 강제 장치는 '허슬hustle'(끝없는 과잉 노동을 미덕으로 삼는 태도—옮긴이)이나 성공의 통과의례처럼 행복과 편안함을 희생하며 고통을 견디라는 이야기가 아니다. 정해진 기간에 의식적으로 편안한 범위를 한 뼘 넘어서는 것, 그만큼만 몸을 내밀어 개인적, 직업적 성장을 경험하게 하려는 장치다.

자발적 강제 장치는 행동을 끌어내기 위한 의도적 제약을 설계하는 방법이다. 원하는 행동을 할 수밖에 없도록 조건을 선택하는 것이다. 이런 장치는 장기 습관을 만들거나 엄두가 안 나는 일을 더는 미루지 않게 하는 데 특히 효과적이다. 환경과 루틴을 구조적으로 바꿔서 지속적인 성과가 나도록 돕는다.

나는 세 살 때부터 민물과 바다를 가리지 않고 온갖 방법으로 낚시를 했다. 하지만 하나만은 끝내 감을 못 잡았다. 지그jig라는 미끼다. 지그는 무게추가 달린 바늘에 비닐 덮개가 붙어 움직이는 인조 미끼로서 한번 물면 훅셋hook set(물고기가 미끼를 무는 순간 낚싯대를 채어 바늘이 단단히 걸리게 하는 동작—옮긴이)이 강렬하다. 게다가 지그에 달려드는 물고기들은 대부분 크기가 큰 편이다.

지그로 낚시하는 법을 늘 배우고 싶었지만 자신감이 전혀 없었다. 지그를 달아도 금세 익숙한 크랭크베이트crankbait(물고기의 움직임을 흉내 낸 딱딱한 플라스틱 미끼—옮긴이)나 플라스틱 웜plastic worm(지렁이를 본뜬 말랑한 인조 미끼—옮긴이)으로 되돌아가곤 했다. 그러던 어느 날, 물가로 나가기 전에 자발적 강제 장치를 쓰기로 했다. 지그만 챙기고 다른 미끼는 전부 집에 두고 나온 것이다.

그날 물 위에서 여섯 시간을 보내는 동안 선택의 여지가 없었다. 어떻게든 지그를 익혀야 했다. 다른 걸로 바꾸고 싶어도 바꿀 수 없었다. 그렇게 강제로 배우는 수밖에 없었다. 해 질 무렵이 되어서야 마침내 한 마리를 낚았고, 그 한 번이면 충분했다. 자신감이 붙었고 "이걸로는 절대 못 잡아"라는 말은 더 이상 할 수 없게 됐다.

그 뒤에 지그로 잡은 큰입배스largemouth bass(입이 몸길이에 비해 크고 공격적인 성질 때문에 낚시꾼들이 즐겨 노린다―옮긴이) 중엔 내 개인 최고 기록도 있다. 그게 자발적 강제 장치의 힘이다.

의도적으로 실천해온 지난 10년과 수천 명의 수강생을 가르친 경험을 바탕으로 가장 강력한 압박을 만들어내는 나만의 5단계 레시피를 공유한다. 필요와 취향에 맞게 매운맛은 각자 조절하면 된다.

다만 레시피를 펼치기 전에 완성된 한 접시를 먼저 보여주겠다. 내 삶을 결정적으로 바꾼 자발적 강제 장치 중 하나인 내 인생 최초의 공개 연설에 대한 이야기다.

연설 공포증을 30일 만에 끝낸 마감의 마법

2011년 막 시작한 내 팟캐스트가 비즈니스 카테고리 1위를 찍었다. 그와 함께 내 시간과 관심을 향한 수요도 기하급수적으로 늘어났다. 파트너십을 제안하는 기업들, 자기 팟캐스트에 나와달라는 팟캐스터들, 도움을 청하는 청취자와 독자들의 메시지가 매일 받은편지함에 쏟아져 들어왔다.

메일을 따라잡는 것만으로도 벅찼고 결국 받은편지함 관리를 전담할 직원을 한 명 채용했다. 그런데 특히 처리하기 쉬운 문의가 하나 있었다. 그런 메일만 보이면 곧장 보관함으로 보내 버렸다.

스팸이 아니었다.

실시간으로 열리는 행사에서 연설해달라는 요청이었다.

나는 연설 제안을 모조리 거절했다. 집중을 유지하려는 의도가 아니었다. 사실 무대에서 말하는 일은 더 많은 사람을 돕고 온라인 비즈니스 세계에서 영향력을 키우겠다는 내 목표와 정확히 맞아떨어지는, 아주 큰 기회였다.

그럼에도 거절한 이유는 사람들 앞에서 말하는 것이 죽을 만큼 두려웠기 때문이다.

대부분의 사람은 대중 앞에서 말하는 걸 두려워한다. 나도 그랬다. 심지어 극단적으로. 공개 연설이 내 사업과 개인적 성장에 엄청난 도움이 되리라는 사실을 알면서도 사람들 앞에서 발표한다는 생각만 하면 얼굴이 화끈거리고 식은땀이 났다. 정말이다. 공포를 느낄 정도였다.

그해 중반쯤 친구 필립 테일러Philip Taylor(일명 'PT')에게서 전화가 왔다. 큰 부탁이 하나 있다는 것이었다. 8월에 일리노이주 샴버그에서 열리는 그의 첫 행사 '파이낸셜 블로거 콘퍼런스FinCon'에서 폐막 기조연설을 해달라는 요청이었다.

그때는 이미 7월이었다.

다른 때라면 즉시 거절했을 것이다. 하지만 PT에게는 도움이 필요했고 그는 내 친구였다. 원래 예정됐던 기조연설자가 개인적 중대 사유로 막판에 하차했다는 것도 알고 있었다. 그리고 언젠가 무대 공포증을 극복하려면 이번이 기회라는 생각도 들었다.

그래서 두려움에도 불구하고 "예"라고 했다. 일종의 자발적 지원이었다.

그다음에 벌어진 일은 내게 결정적인 전환점이었다. 제안을 수락했다는 충격이 가시자마자 곧장 준비에 들어갔다. 무대 경험이 있는 친구들(일명 챔피언들) 몇 명에게 연락해 조언을 구했다. 그중 한 명이 데일 카네기의《카네기 스피치 마스터코스》를 읽어보라고 했다. 내게 꼭 필요하고 타이밍도 절묘한 정보였다.

무엇인가에 '예'라고 말하는 건 다른 무엇엔가 '아니오'가 된다는 걸 알았기에 행사 전까지 남은 기간 동안 자잘한 일들을 밀어두고 게임기는 잠시 봉인했다. 곧장 뛰어들었다. 큰 압박과 높은 대가가 걸린 상황이었기에 집중력을 발휘할 수밖에 없었다.

준비 기간은 30일도 남지 않았다. 자신을 이런 상황에 의도적으로 집어넣음으로써 강력한 변화를 위한 최적의 조건을 만들어낸 셈이었다.

마감이 코앞으로 다가왔고 개인적 부담이 컸다(무엇보다 친구를 실망시키고 싶지 않았다). 거기에 성공했을 때의 잠재적 보상까지 더해지면서 동력이 붙었다. 과제 자체의 난도가 나를 안락지대 밖으로 밀어냈고 준비 기간은 성공에 필요한 도구들을 쥐

여주었다. 이게 바로 자발적 강제 장치였다.

드디어 그날이 왔다. 온몸이 긴장으로 뭉쳐 있었다. 발표 몇 시간 전에 컨벤션 센터 복도를 이리저리 서성였던 기억이 아직도 또렷하다. 이틀 전에 도착하고도 대부분의 시간을 호텔방 거울 앞에서 연습에 쏟아부은 탓에 한 번은 길을 잃기까지 했다. 실전 감각을 익히기 위해 정장 상의까지 걸치고 연습했다. 그래야 진짜 무대의 느낌을 살릴 수 있을 거라 믿었기 때문이다.

준비는 끝났다.

행사 마지막 날 오후 4시 PT가 나를 소개했다. 무대로 올라가는 길에 그에게서 슬라이드 넘기는 무선 리모컨을 건네받았다. 박수가 잦아들자 조명 너머로 관객을 올려다보았다가…… 그대로 얼어붙었다.

무슨 말을 해야 하는지 까맣게 잊었던 것이다. 한마디도, 아무것도 떠오르지 않았다.

시간을 벌기 위해 방금 내게 박수를 쳤던 관객에게 내 친구에게도 박수를 보내달라고 부탁했다. 그러고선 이 행사가 얼마나 훌륭했는지 같은 말로 계속 시간을 끌었다. 동시에 머릿속에서는 이런 생각이 폭주했다. '지금 기조연설을 말아먹으면 이 행사의 마지막 인상은 그렇게 굳어버리고, 내 커리어는 영영 끝날 수도 있어. 친구 필립 테일러는 나쁜 평가를 받고 다음 행사를 못 열 수도 있고, 나는 어딘가 도랑에 내던져질지도 몰라……' 그때 내 머릿속은 정말 그랬다. 그러다가 어디서 시작해야 할지 번쩍 떠올랐고 드디어 말을 시작했다.

그다음부터는 무언가가 나를 장악했다. 자동조종 장치가 켜진 듯했다. 준비해온 모든 게 제 역할을 했다. 프레젠테이션이 완전히 궤도에 오르면서 점점 내가 몸 밖에서 나를 지켜보는 듯한 느낌이 들었다. 그리고 시작만큼이나 순식간에, 겨우 24분 만에 모든 것이 끝나버렸다.

내 생애 첫 공개 연설에서 방금 살아남은 것이다.

관객이 환호했다. 나는 반응이 궁금해서 PT를 힐끗 봤다. 그의 얼굴엔 큼직한 미소가 번져 있었다. 그 순간, 친구를 실망시키지 않았다는 걸 알았다. 그리고 나 자신도 실망시키지 않았다.

그 순간, 겁에 질려 있었음에도 무대에 올랐다는 사실, 해냈다는 사실이 스스로 자랑스러웠다. 발표는 전혀 완벽하지 않았다. 어쨌든 생애 첫 연설이었으니까. 그해 말 녹화된 영상을 억지로 다시 봤다. 무대 위를 왔다 갔다 쓸데없이 많이 서성였고, 몇 군데에서 말을 더듬었으며, 한 부분은 통째로 건너뛰기까지 했다. 손에는 내내 물병을 들고 있었음에도 한 모금도 마시지 않았다.

하지만 놀랍도록 만족스러운 점도 있었다. 대본에 없던 농담을 즉석에서 던졌고 관객은 웃었다. 내 발표는 관객을 집중시켰다. 행사가 끝난 뒤에는 나를 만나려는 사람들이 행사장 밖에까지 줄지어 섰다. 많은 사람이 칭찬을 건넸고, 내가 무대에서 말한 게 처음이라는 사실에 놀라워했다.

이후 전 세계 300개가 넘는 무대에서 연설했고 지금은 연설로 사례비도 받는다. 이런 날이 올 거라곤 전혀 예상하지 못했다. 프레젠테이션과 기조연설만으로 벌어들인 수익이 총 50만 달러를 넘겼고, 아예 직접 라이브 이벤트도 열기 시작했다. 무대라면 무조건 피하던 사람이 이 정도면 나쁘지 않다.

최근에는 정말 감회가 새로웠던 순간도 있었다. 필립 테일러가 포켓몬 카드를 모으는 자기 아들 드루와 함께 내 행사 '카드 파티Card Party'에 참석한 것이다. 카드 파티는 전 세계에서 오는 수천 명의 포켓몬 팬과 그들이 사랑하는 포켓몬 크리에이터들을 한자리에 모으는 행사다. 행사장에서 PT를 마주친 순간, 나는 그만 눈물이 날 뻔했다. 지금 내가 감사해야 할 많은 것이 2011년에 그가 내게 준 그 기회에서 직접 이어진 결과이기 때문이다. 그때 "예"라고 말하길 정말 잘했다.

배우고 성장할 수밖에 없는 자리에 자신을 두면 어떤 일이 벌어질지 정말 모른다.

성장을 강제하는 5단계 시스템

돌이켜보면 연설 제안을 받아들인 건 내 인생에서 가장 잘한 결정 중 하나였다. 그 도전을 수락하면서 의도치 않게 빠른 변화를 위한 최적의 조건을 스스로 만들어낼 수 있었다. 효과적인 자발적 강제 장치에 필요한 핵심 재료가 그 도전에 모두 들어있었던 셈이다. 이제 그 재료들을 공유한다.

아래 요소를 전부 갖춰야만 의미 있는 돌파가 일어나는 것은 아니다. 다만 많이 담을수록 효과는 커진다.

자발적 강제 장치의 요소를 하나씩 살펴보자.

1. 결단의 순간

'결단의 순간'이란 정확히 무엇일까? '언젠가'를 '지금'으로 바꾸는, 심장이 뛰는 결심의 찰나다. 내게는 속이 뒤집힐 듯한 두려움 속에서도 무대에 서는 것을 수락했던 때다. 머뭇거림에서 실행으로의 전환, 두려움을 정면으로 마주하겠다는 다짐이었다.

각자에게 이 순간은 조금씩 다르게 나타난다. 중요한 건 무모함이 아니라 충분히 숙고한 끝에 계획 단계에서 행동 단계로 몸을 던지는 결정이다. 이는 스스로 도전에 맞설 역량이 있고 끝까지 버틸 자원과 회복탄력성이 있다는 믿음을 작동시키는 일이다. 예를 들면 이렇다.

- **특정 언어를 배우고 싶다면** 언어 강좌에 등록하거나 아예 그

배우고 성장할 수밖에 없는
자리에 자신을 두면
어떤 일이 벌어질지 정말 모른다.

나라로 가는 항공권을 끊는 순간

- **9시에서 5시까지 일하는 직장을 떠나려 한다면** 충분히 준비한 뒤에 사직서를 제출하는 순간
- **첫 마라톤에 도전하고 싶다면** 마라톤 대회에 등록한 순간

이런 순간들은 모두 중대한 전환점이다. 결단의 순간에 뛰어든다는 것은 단지 무사히 착지하기를 바라기만 하는 게 아니다. 손에 쥔 모든 자원을 끌어모아 성공 가능성을 최대치로 끌어올리는 행위다.

2. 마감이 정해진 약속

옮길 수 없는 마감일은 다짐을 행동으로 바꾼다. 내가 그 기조연설을 맡겠다고 했을 때 단순히 기회를 수락한 것이 아니라 '정해진 날짜'에 대한 약속을 한 것이었다. 일정이 유연한 목표가 아니라 강력한 긴박감을 만드는 약속이었다. 두려움이나 미루기는 끼어들 틈이 없었다. 달력에 박힌 날짜가 준비에 우선순위를 매기게 했고, 머뭇거림을 뚫고 나가게 했다.

마감이 정해진 약속은 마감을 절대 협상의 여지가 없는 것으로 대하게 한다. 이게 핵심이다. 많은 사람이 목표나 마감을 정해놓고도 계속 뒤로 미룬다. 학생들에게서 이 패턴을 수없이 봤다. 물론 삶이 계획을 가로막을 때도 있다. 하지만 정말로 움직일 수 없는 마감일이 주어지면 어떻게든 해내고야 만다.

결단의 순간에 마감이 정해져 있지 않다면 가장 쉬운 방법은 달력에 직접 적어두는 것이다. 하지만 그냥 일정으로만 기록해서는 안 된다.

여러분을 응원해줄 챔피언(가능하다면 멘토)에게 그의 캘린더에 여러분의 마감일을 기록해달라고 부탁하라. 그러면 여러분이 임의로 마감일을 옮길 수 없게 되고 마감일이 지켜질 가능성도 훨씬 높아진다.

3. 큰 대가가 걸린 상황

내가 처음 연설을 수락했을 당시 내게 걸린 대가는 컸지만 나를 주저앉힐 만큼 엄청나지는 않았다. 내 직업적 평판과 PT와의 우정이 걸려 있었고, 그만큼 잘 해내고 싶은 욕구가 컸다. 이렇게 감당할 수 있는 한계 내의 압박은 두려움을 방해물이 아니라 동력으로 바꿔준다.

'큰 대가가 걸린 상황'에서는 균형 감각을 잃지 않는 게 중요하다. 우리는 흔히 평판이 돌이킬 수 없을 만큼 망가진다거나 회복 불가능한 실수를 저지르는 등 최악의 상황을 상상한다. 그러나 위험을 현실적으로 점검하고 "최악의 경우 어떤 일이 일어날까?"라고 자문해보면 대개 두려움이 과장되어 있음을 알게 된다.

자신만의 자발적 강제 장치를 설정할 때는 안락지대를 벗어나게 하되 행동을 촉진하는 한계 안에 머무는 수준으로 대가를 설정하라. 멘토에게 약속하거나 일정 금액을 거는 등의 장치를 생각해볼 수 있다. 지키지 않았을 때 약간은 피해를 보게 해야 하지만 시도 자체를 주저하게 할 만큼 위협적이어서는 안 된다.

핵심은 의욕을 유지해주되 압도하지는 않는 적정선을 찾는 것이다. 작가 스티븐 프레스필드는 두려움이 항상 적은 아니라고 말한다. **두려움은 대개 의미 있는 일을 막 시작하려는 순간 모습을**

드러낸다. 그 시점을 나침반으로 삼아라.

높은 이해관계는 여러분을 무력화하는 것이 아니라 여러분에게 동기부여를 한다.

4. 의미 있는 도전

연설에 대한 두려움에 정면으로 맞선 것은 즉흥적 선택이 아니었다. 그것은 개인적 성장과 직업적 포부에 맞춘 전략적 선택이었다. 이 기술을 익히는 일은 단순히 공포를 극복하는 차원을 넘어, 더 많은 사람에게 다가가 세상에 더 의미 있는 영향력을 미치는 새로운 길을 찾는 일이었다.

자발적 강제 장치를 설계할 때는 어렵기만 한 과제가 아니라 자기 가치와 맞닿아 깊은 의미가 있는 과제를 고르는 것이 핵심이다. 다음을 확인하라.

- **개인적 울림** 핵심 가치와 장기 목표에 맞닿은 도전을 선택하라. 오래된 두려움에 맞서는 일이든, 복잡한 기술에 숙달하

는 일이든, 지역사회에 의미 있는 변화를 만드는 일이든, 그 도전이 자신에게 정말 중요해야 한다.

- **의미가 주는 동기** 그 도전이 개인적으로 중요할수록 몰입과 성취 의지가 강해진다. 힘겨운 과제도 사명으로 바뀌고 노력에 목적과 결의를 불어넣는다.

- **영향 평가** '이 도전을 넘어섰을 때 어떤 결과가 따라오는가? 내 삶이나 커리어가 어떻게 향상되는가?'를 자문해보라. 눈에 보이는 이점을 이해하면 추가 동기가 생기고, 그 도전의 가치가 선명해진다.

도전을 의미 있게 만들면 단순히 목표를 세우는 데에서 그치지 않고 자신의 가장 깊은 열망과 영향력을 반영하는 이정표를 세우게 된다. 그러면 여정 자체가 목적지만큼 보람 있게 되고 꾸준한 노력과 몰입이 보장된다.

5. 도전 너머의 보상

파이낸셜 블로거 콘퍼런스 무대에 오른 일은 단순히 개인적인 두려움을 극복한 것만이 아니었다. 새로운 지평을 여는 일이기도 했다. 그 첫 강연은 이후 내 연설 경력을 풍성하게 해줄 많은 경험으로 이어졌다.

그날 이후 나는 코치를 고용해 다음 강연을 준비했고 더 많은 무대에서 메시지를 전했다. 그러나 첫발을 떼지 않았다면 아무 일도 일어나지 않았을 것이다. 문턱을 넘은 뒤에는 판을 계속 키우고 새로운 문들을 계속 열어야 했다.

이것이 린 러닝의 핵심이다. 멈추지 않고 계속 이어가야 한다. 작은 성취는 더 큰 성취로 연결되어야만 진정한 의미를 갖는다.

자발적 강제 장치를 설계할 때는 눈앞의 과제 너머를 먼저 상상하라. 한 걸음 물러나서 스스로에게 물어라. *"이걸 해내면 어떤 새로운 기회가 열릴까?"*

대중 연설을 익힌다면 리더십을 발휘하거나 더 많은 기조연설을 할 기회를 얻을 수 있다. 개인적인 건강상의 목표를 달성한 다면 새로운 비즈니스 아이디어나 건강 블로그로 확장될 수도 있다. 나처럼 단순히 취미 삼아 즐기던 포켓몬 카드 수집이 아예 새로운 커리어의 문을 열어줄지도 모른다. 현재의 도전이 어떤 문을 열어줄지 모른다. 스스로 상상의 한계를 두지 말고 열린 마음으로 바라보라.

미래가 어떻게 펼쳐질지 모르더라도 큰 그림을 그리는 편이 좋다. 두려움이나 기술 하나를 극복하는 과정이 삶과 커리어를 완전히 다른 무대로 도약하게 할 수 있음을 기억하라. 이런 넓은 관점은 장애물이 닥쳐도 꺾이지 않는 강력한 동기가 된다. 우리는 단지 오늘을 위해서가 아니라 내일을 위해서도 이 일을 하고 있는 것이다.

현재의 도전을 더 큰 성취로 가는 디딤돌로 바라보라. 그러면 한 발 내디딜 때마다 성장만 하는 것이 아니라 더 넓은 기회의 장으로 자신을 밀어 올리게 된다. **중요한 건 도전을 통해 무엇을 이루었느냐가 아니라 그 도전이 앞으로 무엇을 가능하게 만들어주느냐다.**

자발적 강제 장치 예시

앞서 소개한 다섯 가지 요소를 모두 갖춘 자발적 강제 장치의 예를 아래에 정리했다.

자발적 강제 장치	결단의 순간	마감이 정해진 약속	큰 대가가 걸린 상황	의미 있는 도전	도전 너머의 보상
새 언어 배우기	지금으로부터 3개월 뒤 일본 여행을 떠난다	일본 도착일	언어에 숙련되지 않은 상태로 낯선 나라를 헤쳐 나가야 함	일본 문화 및 일본 사람들과 깊은 연결	일본 내의 비즈니스 기회와 인맥, 이주 가능성 탐색
창업	회사를 퇴사하고 사업에 전념하기로 한다	퇴사일	재정적 안전망과 직업적 평판이 걸려 있음	열정을 좇아 자기 일을 창조	창업가로서의 자유와 보람
마라톤 완주	6개월 뒤의 마라톤 대회에 등록한다	대회 당일	42.195킬로미터를 완주해야 하는 육체적, 정신적 부담	운동과 연관된 큰 목표를 스스로 증명	자신감, 규율, 체력의 비약적 향상

이제 레시피를 보고 직접 요리할 준비가 거의 끝났다. 마지막으로 질문 하나를 던지겠다. 목표를 다른 사람과 공유하는 편이 더 나을까, 아니면 공유하지 않는 편이 더 나을까? 곧 소개할 과학적 근거에 기반한 답은 의외일 수 있다.

목표 공유의 진실

자발적 강제 장치와 관련해서 많은 사람이 소셜 미디어 등에 목표를 공개적으로 선언하면 책임감이 생겨서 실행에 도움이 된다고 믿는다. 그러나 연구에 따르면 이런 방식은 오히려 역효과를 낼 수 있다.

뉴욕대학교 심리학과 교수인 피터 골비처의 2009년 연구에 따르면, 목표를 다른 사람에게 알린 사람들은 실제로 아무 진전이 없어도 스스로 목표에 더 가까워졌다고 느끼는 경향이 있었다. 목표를 공유하는 행위 자체가 섣부른 성취감을 유발해서 정작 목표 달성에 필요한 동기를 약화시키는 것이다.[1]

골비처와 동료 연구자들은 누군가가 목표를 알아봐주는 순간 그 인지가 보상처럼 작동해서 노력을 감소시킨다고 결론지었다. 타인이 자신을 '그 목표를 이룰 만한 사람'으로 봐준다는 만족감이 뇌를 속여서 마치 목표를 이미 이룬 것처럼 느끼게 하고, 그 결과 압박감이 낮아져서(마음속에선 이미 끝난 셈이므로) 결국 중도 포기로 이어질 수 있다는 설명이다.

두려움을 극복하는 과정이
커리어를 완전 다른 무대로
도약하게 할 수 있음을 기억하라.

따라서 목표 공유는 의도적으로 해야 한다. 2019년 오하이오주립대의 하워드 클라인Howard Klein에 따르면, 목표 공유에도 올바른 방식이 있다. 일련의 실험에서 사람들이 자신의 목표를 지위가 더 높거나 자신이 존중하는 대상과 공유했을 때 목표에 대한 헌신도가 더 높아지는 것으로 확인되었다.[2] 마찬가지로 지위가 높아 보이는 사람에게 야심만만한 성적 관련 목표를 공유한 학생들은 학기 말까지 성적에 더 신경 쓰는 경향을 보였다.

이는 단순히 책임감을 부여하는 것에 그치지 않고, 그 사람이 자신을 어떻게 볼지 신경 쓰게 해서 동기를 더 끌어올린다. 이는 사회적 인정을 유리하게 활용하는 것으로서 자발적 강제 장치의 하나다.

따라서 소셜 미디어에 무턱대고 목표를 공개하는 전략은 최선이 아닐 수 있다. 대신 여러분이 의견을 신뢰하고 존중하는 사람들에게 선별적으로 목표를 밝히면 결심을 유지하는 데 도움이 되는 적절한 동기와 책임감을 얻을 수 있다. 이런 역할은 멘토형 챔피언은 물론, 여러분의 커뮤니티에서 만날 수 있는 다른 챔피언들도 맡아줄 수 있다.

SPI의 창업 커뮤니티에서는 구성원들에게 전담 멘토Experts In Residence(EIR)와 목표를 공유하라고 권한다. EIR은 협력 중인 현업 창업가들로서 커뮤니티 구성원을 돕고 책임을 지도록 지원하는 전문가들이다. 목표를 올바른 사람과 공유할수록 올바른 결과를 얻을 가능성이 커진다.

인생의 많은 일과 마찬가지로 중요한 것은 하느냐 마느냐가 아니라 어떻게, 그리고 누구와 하느냐다.

잠재력을 깨우는 최고의 환경을 구축하라

핵심 요소들을 살펴보고 효과적인 자발적 강제 장치의 사례까지 확인했으니, 이제는 자신의 변화를 이끌 도전을 설계할 차례다.

먼저 벽에 부딪혔다거나 성장해야 한다고 느끼는 영역을 떠올려보자. 스스로에게 이렇게 물어본다. *"두려운 동시에 나를 설레게 하는 것은 무엇인가? 진정한 의미가 있는 도전은 무엇일까?"*

자신의 가치와 목표에 맞닿은 기회를 찾아라. 대개는 이미 마음속에 떠올린 자발적 강제 장치가 하나쯤 있을 것이다. 어쩌면 이 책을 집어 들기 전부터 품고 있었을지 모른다.

혹시 아직 뚜렷한 아이디어가 떠오르지 않는다면 삶의 '챔피언'에게 물어보라. 가까이에서 여러분을 응원해온 사람이 의외로 더 잘 볼 수 있다. 개인 멘토가 있다면 지금이 도움을 청할 가장 좋은 시점이다.

그다음 앞에서 다룬 핵심 요소들을 여러분의 도전에 녹여 넣는다.

1. 결단의 순간을 정하고 그 도전에 뛰어들겠다고 마음먹는다.
2. 마감이 정해진 약속을 만들어 긴장감을 부여한다.
3. 동기부여가 될 만한 '큰 대가가 걸린 상황'을 설계하라. 단 두려움에 눌리지 않을 정도의 상황이어야 한다.
4. 자신의 가치나 목표와 맞닿은 의미 있는 도전을 고른다.
5. 도전 너머의 보상을 떠올리며 추진력을 유지한다.

기억할 것이 있다. 목표는 안전지대에서 조금 벗어나 성장하는 것이지, 자신을 스스로 짓눌러버리는 게 아니다. 감당할 수 있지만 약간은 두려운 도전부터 시작하라. 그리고 근력을 길러가듯이 점진적으로 자발적 강제 장치의 강도를 높여라.

무엇보다 한 번에 하나의 도전만 다룬다.

마지막으로, 크고 작은 모든 승리를 그때그때 축하하라. 각 단계를 완주한다는 것은 회복탄력성과 역량 그리고 성장의 증거다. 이런 승리를 더 크고 대담한 다음 도전을 위한 연료로 쓰면 된다.

의도적으로 자발적 강제 장치를 설계하면 자기 변화를 가속할 수 있다. 빠른 성장을 위한 조건을 스스로 만들고, 새로운 가능성의 문을 연다. 이제 도약을 선택하고 도전을 받아들여라. 그러면 더 높은 곳으로 날아오를 수 있을 것이다. 잠재력에는 한계가 없다.

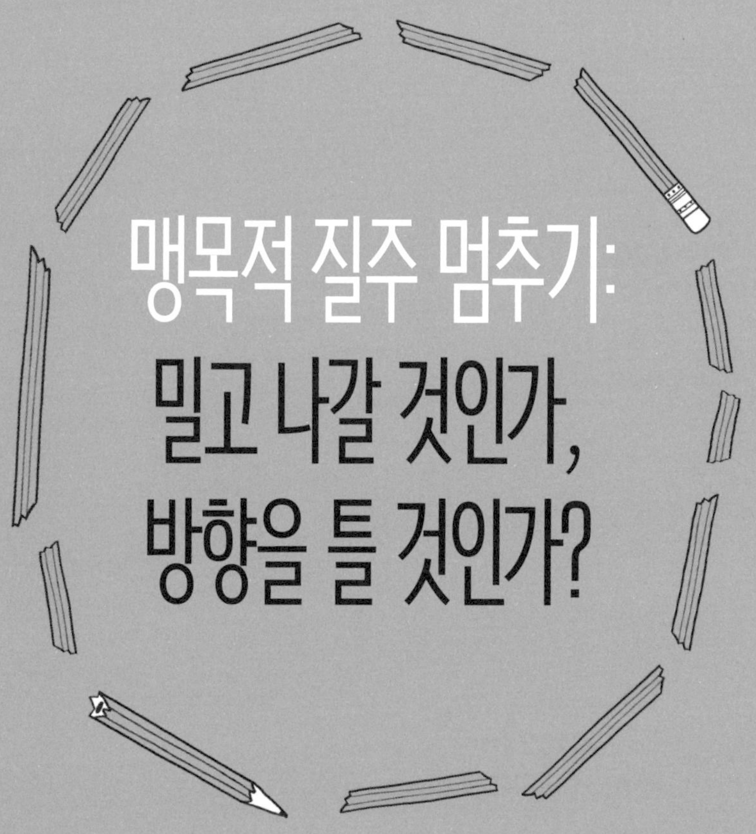

맹목적 질주 멈추기:

밀고 나갈 것인가, 방향을 틀 것인가?

아무리 사다리를 빨리 올라가도
그 사다리가 엉뚱한 벽에
기대어 있다면 소용없다.

스티븐 코비
Stephen Covey

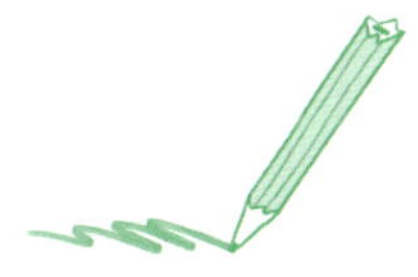

인생에는 갈림길이 많다. 지금의 길을 계속 가야 할지, 다른 방향으로 틀어야 할지를 결정해야 하는 순간들이다. 이 결정은 이미 시간과 에너지, 열정을 쏟아온 일과 맞닥뜨리게 하기에 더욱 벅차게 느껴진다. 예상만큼 진척이 없는 프로젝트를 붙들고 갈지, 오랜 세월 몸담은 분야에서 커리어를 전환할지, 질문은 늘 같다. 밀고 갈 것인가, 아니면 방향을 틀 것인가persist or pivot?

이 장은 바로 그 중대한 의사결정 과정을 다룬다. 답은 좀처럼 흑백으로 갈리지 않는다. 단순히 성공을 측정하거나 실패를 인정하는 문제가 아니라 목표와 방식 그리고 자신을 깊이 이해하는 문제다. 항해 중인 선장이 돛을 조정할지 항로 자체를 바꿀지 결정하듯이 주변 여건과 도착지를 함께 고려해 현재 위치를 자주 점검하고 정보에 기반해 결정을 내려야 한다.

내가 그때 해고를 당하지 않았다면 어떻게 되었을까? 나는 종종 생각해본다. 프로젝트 매니저가 되었을까, 어쩌면 개인 건축사무소를 열었을까? 언젠가는 회사를 그만두고 기업가의 길을 갔을까? 무엇보다 조지와의 골프 대결에서 언젠가는 이겼을까?

정답을 알 길은 없다. 다만 2008년의 그 전환점이 삶을 재점검하고 다음에 무엇을 할지 의식적으로 결정하게 했다는 사실만은 분명하다. 그리고 그 결정이 모든 것을 바꿨다.

이 이야기는 브라이언 루벤Brian Luebben의 사례와도 닮았다. 브라이언은 〈포천Fortune〉이 선정한 500대 기업의 영업 조직에서 최상위 실적을 내며, 스물다섯을 갓 넘긴 나이에 상당한 연봉을 받았다. 이른 나이에 회사 생활의 정상에 올랐지만 그는 그 산이 자신이 원하던 산이 아니었음을 깨달았다. 오늘날 흔한 이야기이긴 하다. 하지만 그다음에 그가 선택한 길은 흔치 않았다.

브라이언은 기업 최고경영진의 황금 수갑golden handcuffs(높은 보상과 혜택이 발목을 잡는 상황―옮긴이)을 벗어던지고 꿈을 좇아 창업을 결심했다. 2022년부터 그는 세계를 여행하며 부동산, 기업가 정신, 끝없는 과잉 노동(즉 과로의 삶)을 안정적이고 예측 가능한 현금흐름으로 대체하는 법에 대해 자신이 배운 것을 나누고 있다.

브라이언은 스스로 삶을 재점검하기로 선택했다. 현명한 결정이었다. 나의 경우 운 좋게도 삶을 재점검할 수밖에 없는 상황에 놓였었다. 결국 우리 둘 다 인생의 중대한 전환점을 선택했고, 그 결정이 모든 것을 바꿨다. 여러분 역시 지금 비슷한 지점에 서 있을지도 모른다. 현재 집중하는 일이 예전만큼 충족감을 주지 않거나 결과가 기대에 못 미칠 수도 있다. 어쩌면 새로운 기회가 손짓하고 있거나 외부 환경이 바뀌어 다음 단계를 고민하게 되었을 수도 있다. 계속 밀고 갈 것인가, 아니면 방향을 틀 것인가? 그 질문에 대한 답은 모든 것에 영향을 미친다.

혹은 모든 일이 아주 잘 풀리고 있을 수도 있다. 그런 경우라면 파도가 어디로 데려다주는지 흐름에 몸을 맡기고 싶어진다. 그러나 잠시 멈춰서 진행 상황을 분석하고 성공을 가져다준 핵심 원인을 가려내면 노력의 효율을 최적화하고 자원을 더 효과적으로 배분하며 이미 쌓은 모멘텀을 더 극대화하는 전략적 결정을 내릴 수 있다.

하지만 개인적 성장과 성취의 영역에서 자동조종은 진전을 가로막는 적이다. 의식적으로 길을 재점검할 때 비로소 목표를 향해 방향을 잡고 있으며 시간과 에너지를 가장 잘 쓰고 있음을 확신할 수 있다. 항해사가 나침반을 확인하고 항로를 조정하듯이 우리도 방향을 재평가하고 다음 단계를 의도적으로 선택하는 법을 배워야 한다.

이 장은 언제 항로를 유지하고 언제 새 항로를 그려야 하는지 판단하는 법을 알려준다. 간단한 자기 점검을 하고 주변 사람들로부터 가치 있는 피드백을 모아, 앞으로의 방향에 대해 정보에 기반한 결정을 내릴 수 있도록 도구를 제공할 것이다. 다만 '밀고 갈지, 방향을 틀지'를 논의하기 전에 모든 의사결정의 토대가 되는 요소(왜 그것을 하려 하는가?)를 다시 확인하고 단단히 다지는 일이 우선이다.

나침반을 확인하는 시간

사이먼 사이넥Simon Sinek의 "'왜?'로 시작하기"라는 개념은 이미 익숙할 것이다. 유명한 TED 강연에서(나를 포함해 수백만 명이 이 개념을 처음 접했다) 사이넥은 가장 영감을 주고 성공을 거둔 리더와 조직은 무엇을 하느냐나 어떻게 하느냐보다 목적, 신념, 사명, 즉 '왜'에 초점을 맞춘다고 주장했다.

하지만 우리는 회사나 조직이 아니라 사람이다. 새로운 삶의 영역으로 이끄는 영감을 지닌 인간이다. **각자가 지닌 가치, 즉 개인적인 '왜?'는 길을 비추는 등불이자 위험을 경고하는 등대가 된다.** 다시 말해 단지 '왜?'로 시작하는 것만으로는 충분하지 않다. '왜?'에 머무르는 것이 필요하다.

이 사실은 셰인 샘스Shane Sams와 조슬린 샘스Jocelyn Sams 부부의 삶에서 선명하게 드러난다. 그들의 창업 여정은 단순한 커리어의 전환이 아니라 가장 중요한 우선순위에 삶을 맞추기 위해 삶의 형태 자체를 다시 빚어가는 과정이었다. 샘스 부부에게 '왜?'는 어느 부모에게나 악몽과도 같은, 절박하고 감정적인 순간에 떠올랐다.

2012년 어느 여름 날, 셰인 샘스는 잔디 깎는 기계를 몰며 팟캐스트를 듣고 있었다. 풀을 다 깎기도 전에 그는 시동을 끄고 부엌으로 뛰어 들어가 아내 조슬린에게 인생을 바꿀 아이디어가 떠올랐다고 말했다. 그 번쩍임을 끌어낸 말은 두 단어였다. 패시브 인컴passive income(일을 직접 하지 않아도 꾸준히 들어오는 수익. 대표적으로 책의 인세, 부동산 임대료, 주식 배당금 등이 있다—옮긴이).

그들에게는 새로운 방향의 시작이었다. 이 여정은 여러 달에 걸쳐(그리고 거의 가족을 뒤흔들 뻔한 사건을 거치며) 전개되었다. 켄터키주 시골에서 교사로 일하던 셰인과 조슬린은 미국식 성공담의 표본과도 같았다. 셰인은 열정적인 미국사 교사이자 미식축구 코치였고, 조슬린은 아이들이 사랑하는 초등학교 사서였다. 둘은 편안하고 안정되어 보이는 삶을 살고 있었다. 하지만 예측 가능한 그 궤도는 세 살배기 아들을 둘러싼 불길한 사건 하나로 일상과 미래관 모두를 뒤흔드는 급격한 전환을 맞는다.

잔디를 깎던 날로부터 그리 오래 지나지 않은 날이었다. 셰인은 아들을 어린이집에 데려다주었는데 아이는 안으로 들어가

길 완강히 거부했다. 발을 구르며 소리까지 질렀다. 셰인은 첫 수업에 늦지 않아야 했기에 인내심이 바닥나 있었다. 그런데 아들은 "안 돼, 아빠, 안 돼. 그 사람 무서워요"라고 외쳤다.

셰인은 그대로 얼어붙었다. 이유를 묻자 아들은 어린이집 직원 한 명에게서 겪은 학대 정황을 털어놓았다.

셰인은 경악했다. 그날은 물론 앞으로도 아이를 그곳에 맡길 수 없었다. 그러나 곧바로 수업을 들어가야 했고, 이미 출근한 아내와는 연락이 닿지 않았다. 결국 그는 아들을 친구에게 잠시 맡긴 뒤, 학교로 달려갔다.

학교에 도착한 셰인은 무슨 일이 있었는지 설명하고, 집에서 상황을 정리할 수 있도록 그날만 수업을 빼줄 수 있는지 물었다. 그러나 상사는 아이가 '즉각적인 위험'에 처한 것은 아니라는 이유로 "아드님이 지금 아버지를 필요로 하는 건 알겠지만, 직장에도 선생님이 필요합니다. 개인적인 문제는 근무 후에 처리하셔야 해요"라고 말했다.

셰인은 그러거나 말거나 수업에 빠지고 아들을 데리러 갔다.

가는 길에 분노가 치밀었지만, 그 화살은 누구를 향한 것도 아니었다. 그 순간 그는 상사나 아들을 괴롭힌 사람에게 화가 난 것이 아니었다. 물론 화가 나는 것은 지극히 자연스러운 일이다. 그럼에도 셰인은 그들이 아닌 스스로에게 화가 났다. 이런 삶을 살아온 자신에게 실망했다. 이것은 가족을 위해 원하던 삶이 아니고 무언가를 서둘러 바꿔야 한다는 사실을 분명히 알게 되었다.

그 결정적인 순간, 셰인과 조슬린은 창업의 여정을 시작했다. 무엇이 그들에게 가장 중요한지 드러났을 뿐만 아니라 자신의 가치관을 실현하는 데 필요한 능력과 현실 사이의 틈도 알게 되었다. 두 사람은 팟캐스트에서 들었던 '패시브 인컴'의 꿈을 향해 방향을 틀었다. 셰인은 나중에 이렇게 회고했다. "가족에게 내가 필요할 때 망설임 없이 곁에 있을 수 있는 삶을 만들어야 한다는 걸 깨달았습니다." 그는 다른 사람의 목표와 포부에 자신을 너무 오래 묶어두었다는 것을 깨달았다. 이제는 그만 가족을 최우선에 두어야 했다.

셰인과 조슬린은 멤버십 웹사이트와 온라인 프로그램을 시작으로 자신들과 아이들을 위한 자유로운 삶을 구축했다. 결국 두 사람 모두 직장을 그만두고는 미식축구 코치를 위한 온라인 프로그램과 학교 사서를 위한 온라인 플랫폼 구축 등 여러 사업을 시작했다. 이후 자신의 여정을 더 널리 나누기 위해 〈플립트 라이프스타일 Flipped Lifestyle〉이라는 팟캐스트를 시작했고, 지금까지 수백만 달러의 수익을 올리며 전 세계 곳곳에서 강연하고 있다.

그들은 이제 자신들이 해온 일을 다른 사람들에게도 가르친다. 자유를 되찾고 삶을 최대치로 살아가도록 돕는 것이다.

나는 이 부부의 여정을 지켜본 관객에 그치지 않고, 작은 역할이나마 했다는 사실에 감사한다. 셰인이 온라인 비즈니스 세계에서 무엇이 가능한지를 알게 된 것도, 온 세상이 아닌 한 사람의 세상만 바꿔도 자기 삶에 더 큰 자유를 만들 수 있다는 사실을 알게 된 것도 모두 내 팟캐스트 덕분이라는 사실에 뿌듯함을 느낀다. 그보다 더 값진 것은 이후에도 샘스 부부와 계속 연락하며 그들의 모험을 계속 지켜보고 있다는 점이다.

최근 셰인의 강연 사업이 성장했다. 한동안 거의 12명에 이르는 팀과 함께 일했고 한 달 동안 전 세계를 여러 차례 오갔다.

그런데 그는 이번에도 갑자기 멈췄다. 자신을 점검하고 외부 피드백을 구한 끝에 셰인은 자신이 처음의 목표에서 너무 멀리 벗어났음을 깨달았다. 가족과 함께하는 시간이 줄어 있었다. 아이들이 예전보다 훨씬 자라 독립적으로 바뀌었지만 그것을 핑계로 언제든 가족과 이어질 자유를 잃고 싶지는 않았다. 애초에 모든 것이 바로 그 자유를 위한 길이었기 때문이다. 그는 지금이야말로 아이들이 성인이 되어 각자의 삶을 시작하기 전에 자신과 조슬린이 아이들에게 최대한 시간을 쏟아야 할 시기임을 알아차렸다. 샘스 부부는 다시 한번 자신들에게 가장 중요한 것, 곧 처음 창업을 하게 만든 이유(가족)에 헌신하기로 했다.

이번에는 '어린이집 사건' 같은 극적인 계기는 없었다. 무엇이 가장 중요한지 재평가하고 그쪽으로 방향을 틀기 위한 의식적인 점검이 있었을 뿐이다. 어린이집 이야기로 돌아가면 그곳은 곧 조사를 받았고 결국 폐쇄되었다.

이 책에 부부의 이야기를 실어도 되는지 허락을 구했을 때 셰인은 '왜?'를 분명히 하고 모든 것을 바꾸기로 한 결정이 삶 전반에서 결실을 보았다고 했다. 또한 결정적 순간에는 모두가 오른쪽으로 가라고 해도 왼쪽으로 틀어야 하는, 그런 어려운 결정을 내려야 하는 때가 있다고 했다. 다만 그 선택이 옳은 이유에서 비롯되었다면 그 건너편에는 언제나 더 나은 무언가가 기다린다고 했다. 셰인의 말을 빌리면 "방향 전환에는 힘이 있다." 방향 전환은 어떤 가능성을 열어줄까?

잘못된 사다리를 오르고 있지는 않은가?: 3P 점검법

여정의 어디에 있든 주기적으로 한 걸음 물러서서 처음의 동기를 다시 되새기는 일은 중요하다. 그 토대인 '왜?'(그 길을 시작하게 만든 불씨)와의 연결이 혼란 속에서 등대가 되어 방향을 잡아주고, 다짐에 다시 생기를 불어넣는다. 여러 수강생을 멘토링하다 보면 매일의 할 일에 파묻혀서 큰 그림을 놓치기 쉽다. 멘토로서 내 역할 중 하나가 바로 그것을 일깨워주는 일이다. 때로는 '왜?'를 잠깐만 떠올려도 다시 궤도로 돌아오기에 충분하다.

결국 '왜?'가 길을 이끈다.

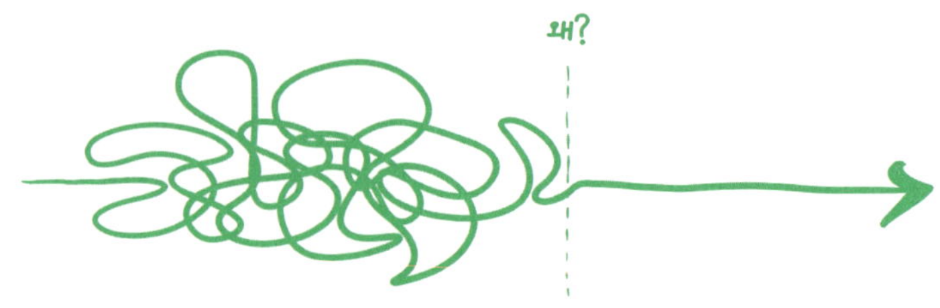

갈림길에 섰거나 중요한 결정을 앞두었을수록 '왜?'를 되새기는 일은 매우 중요하다. 출발점부터 지금까지의 여정을 되짚어보면서 처음의 동기와 계속 맞닿아 있는지 확인해야 한다. 다만 이런 성찰을 위기나 중대 국면에서만 할 필요는 없다.

이 과정을 정기적인 성장의 루틴으로 만들기 위해 한 달에 한 번 15분씩 '왜?'에 집중한 성찰Why-Focused Introspection, 줄여서 와이파이Why-FI 시간을 따로 확보해두기를 권한다. 목표와의 연결이 느슨해지면 진도가 '랙lag 걸리듯' 밀릴 수 있기 때문이다.

주기는 사람마다 다를 수 있으므로 굳이 규정하지 않겠다. 대신 바로 도움이 되는 다음 행동 한 가지만 제안한다. 앞으로 2주 안에 한 시간짜리 '자기 점검 세션Self-Assessment Session'을 잡아둬라. 그것으로 충분하다. 이 시간은 방해와 끼어들기가 없는 성역 같은 시간이어야 한다. 조용하고 편안한 장소에서 오롯이 이 과정에 집중한다. 의욕이 넘친다면 내일 당장 이 세션을 잡아도 좋다.

세션에서는 아래 주제들을 각각 15~20분씩 성찰한다. 이는 평가 시에 나 자신과 수강생들에게 적용해온 세 가지 성찰 축 3P를 간결하게 정리한 것이다.

1. **진전** Progress 출발 이후 지금까지 얼마나 멀리 왔는가? 어떤 이정표를 달성했고, 어떤 도전을 극복했는가?

2. **열정** Passion 이 길이 여전히 열정과 동기를 불러일으키는가? 목표를 향해 일할 때 에너지와 흥분을 느끼는가, 아니면 열정이 시들기 시작했는가? 에너지를 북돋는 활동은 무엇이고, 소모하게 하는 활동은 무엇인가?

3. **목적** Purpose 이 여정이 여전히 핵심 가치, 신념, 장기 비전과 맞닿아 있는가? 삶의 목적의식과 충족감에 이바지하는가?

각 세션 중에 떠오르는 생각을 바로 기록해두자. 이 기록은 시간이 지날수록 큰 자산이 되어, 동기의 변화와 통찰을 추적하게 해준다. 매 세션이 끝나면 메모를 훑어보며 반복되는 패턴이나 통찰을 찾아보고, 다음 한 달 동안 여러분의 활동이 '왜?'와 더 잘 맞도록 구체적 행동 한두 가지를 정해두는 것이 좋다.

이렇게 와이파이 세션을 습관적으로 실시하면 동기는 선명해지고 목적에 맞는 행동이 유지된다. 이런 지속적 실천은 출발점이 된 목적을 주기적으로 되새기게 해줄 뿐만 아니라 앞으로의 경로에 대해 정보에 근거한 신중한 선택을 가능하게 한다.

이제 개인적 추구Personal Pursuit를 이루는 세 가지 P(진전, 열정, 목적)를 하나씩 살펴보자. 왜 중요한지부터 짚어본다.

진전 Progress

진전을 평가할 때는 여기까지 온 과정을 인정하고 받아들이는 일이 중요하다. 앞에 놓인 난관에만 몰두하다 보면 이미 넘어온 장애물들을 잊기 쉽다. 현재 어디에 있든 뭔가를 시작한 이후 지금껏 해결해온 문제들, 길러온 역량, 도달한 이정표들을 잠시 돌아보자. 사소해 보이는 이정표라도 돌아볼 가치가 있다.

내게는 이 일이 늘 어렵다. 늘 앞에만 시선이 꽂혀서 이미 해낸 일은 눈곱만큼도 인정해주지 못할 때가 많았다. 다음이 항상 더 중요했다. 한때는 그걸 '추진력'으로 포장했다. 하지만 너무 빠르게 달리면 길가의 풍경을 놓치게 된다는 사실을 뒤늦게 배웠다.

그래서 일정에 넣어둔 점검 세션이 특히 중요하다. 예를 들어, 2010년 7월 처음 팟캐스트를 시작했을 때 나는 프로그램의 성장, 굵직한 게스트 섭외, 차트 상위권 진입에 집착했다. 내 팟캐스트는 기대만큼 치고 올라가지 못했고 결국 나는 블로그에 비해 투입 대비 수익이 너무 적다는 이유로 팟캐스트를 접을까 진지하게 고민했다.

6개월 뒤, 회계 담당자가 2008년 사업을 시작한 이후 누적 매출이 100만 달러를 넘었다고 알려줬다. 전혀 모르고 있었다. 일종의 깨달음의 순간이었다. 나는 비로소 진전을 자각했고, 성공은 하룻밤 사이에 오지 않는다는 사실을 다시 확인했다. 그래서 팟캐스트를 계속 밀어붙였고 이제 1000번째 에피소드를 눈앞에 보게 되었다. 모든 도전이 충분히 값졌다는 확신이 들었다.

이제는 속도를 늦추고 각각의 이정표를 음미하는 것이 중요하다는 사실을 안다. 흔히 말하듯이 삶은 목적지하고만 관련된 것이 아니다. 길 위의 여정과 그 여정에서 얻은 배움 또한 똑같이 중요하다.

무엇을 위해 혹은 누구를 위해 일하고 있는지 분명하지 않으면 언제 충분히 이뤘다고 말하고 인정해야 할지 가늠하기 어렵다. 진전을 평가할 때는 성과, 돌파의 순간, 교훈을 정기적으로 기록하는 '성취 일지win list'를 쓸 것을 권한다. *크고 작은 승리를 기념하는 행위는 여정을 이어가는 동안 강력한 동기와 자기 확신의 근원이 된다.*

반대로 기대만큼 진전하지 못했다고 느끼더라도 자신을 과하게 탓할 필요는 없다. 진전이 없어 보인다고 해서 무언가를 잘못하고 있거나 이 여정에 맞지 않는다는 뜻은 아니다. 속도가 느리거나 정체된 것처럼 보일 만한 이유는 여럿이다.

우선 의미 있는 결과를 볼 만큼의 시간을 자신에게 충분히 주었는지 돌아보자. 성장은 한 걸음씩 일어나고, 매일 쌓이는 작은 발걸음과 개선은 쉽게 간과되기 마련이다. 이런 점진적 성과를 제대로 추적하고 이해하려면 목표를 더 작고 관리 가능한 이정표로 쪼개야 한다. 지속 가능한 진전은 단거리 질주가 아니라 마라톤이다. 인내와 꾸준함이 핵심이다.

이는 최근 내 아들 키오니가 트럼펫을 배우며 직접 겪은 일이기도 하다. 5학년에 처음 시작했을 때는 진전이 더뎠고, 아무리 애써도 하이 C(트럼펫에서 기본 음역보다 한 옥타브 높은 C음, 즉 도―옮긴이)를 내지 못해 좌절하곤 했다. 트럼펫을 연주해온 나는 연습을 꾸준히 이어가기만 하면 나중에는 그 음을 내는 것이 정말 쉬울 거라고 단언했다. 아들은 선뜻 믿지는 않았지만, 그래도 계속 연습하기로 했다.

키오니가 내 사무실로 뛰어 들어와 신나게 하이 C를 불던 그날을 아마 평생 잊지 못할 것이다. 그는 새로운 음 하나만이 아니라 자신의 음악 여정에 대한 새로운 자신감까지 얻었다. 이 일이 내게 더욱 뜻깊을 수밖에 없는 이유가 있었다. 내가 중학교, 고등학교, 대학, 드럼 콥스drum corps(금관악기와 타악기로 구성된 미국식 마칭밴드 단체로서 고등학교나 대학교 밴드와는 달리 매우 전문적이고 경쟁적이다—옮긴이) 시절 내내 사용했던 바로 그 트럼펫으로 키오니가 연주하고 있었기 때문이다.

분명 아빠로서 자랑스러운 순간이었다. 게다가 내 아들이 하이 C를 불었던 순간, 즉 하이 C 모멘트High C Moment는 우리 모두의 학습 여정에 꼭 필요한 전환점이기도 하다. 그런 순간이 없으면 계속 가기가 어렵다. 우리는 그런 순간들을 위해 산다. 그 순간들은 인내할 때 무엇이 가능한지를 보여준다.

이 글을 쓰는 현재 키오니는 고등학교 1학년이 되었고 이미 마칭밴드 활동에 참여하고 있다. 그는 7월 4일 퍼레이드에서 밴드와 함께 행진했다. 그리고 더 잘하고 싶다면서 레슨을 받게 해달라고 했다. 성장에는 멘토가 중요하다는 것을 알고 있었던 것이다.

한동안 새로운 기술을 배우려고 애썼는데도 진전을 보지 못했다면(오랫동안 하이 C 모멘트를 경험하지 못했다면) 좀 더 깊이 들여다볼 때일지 모른다. 어떤 기술이나 지식의 빈틈이 발목을 잡고 있는가? 성장을 촉진해줄 습관들을 충분히 실행하고 있는가? 노력을 방해하는 장애물이나 산만함이 있는가? (다음 장에서는 특히 '별걸 다 해봤지만 아무것도 통하지 않는다'는 느낌이 들때 정체 구간에서 벗어나도록 돕는, 기하급수적이고 빠른 성장 전략들을 살펴볼 것이다.)

이 질문을 던지는 목적은 자신을 탓하거나 수치심을 느끼려는 것이 아니다. 새로운 기술을 호기심과 성장 마인드셋으로 대하려는 것이다. 개선의 여지가 있음을 인정하는 것이 긍정적 변화를 향한 첫 번째이자 가장 중요한 단계다. 무엇인가 제대로 작동하지 않음을 인정하려면 용기와 자기 인식이 필요하다. 그런 깨달음은 깊은 도약과 변화를 이끄는 기폭제다.

지금은 다소 불편하더라도 이러한 자기 성찰에 실제로 참여하고 있다는 사실 자체를 기억하자. 여러분이 발견하는 모든 통찰과 깨달음이 여러분을 여러분의 잠재력으로 한 걸음 더 나아가게 한다. 성장은 직선이 아니다. 끊임없이 오르내리고 경로를 수정하면서 우리는 목표 지점에 가까워진다.

늘 앞에만 시선이 꽂혀서
이미 해낸 일은
인정해주지 못할 때가 많았다.

열정은 장애와 좌절 앞에서도 계속 움직이게 하는 연료다. 처음의 영감에 대한 열정이 식은 듯한 순간이 찾아오면 에너지가 떨어지고 게으름을 피우게 된다. 더 흔하게는 모두가 떠들어대는 새롭고 재미있는 일로 떠밀려가기 쉽다.

열정을 점검할 때는 여정 속에서 가장 큰 기쁨, 흥분, 충만감을 주는 활동과 측면에 주의를 기울여라. 그 지점들이야말로 타고난 강점과 관심사에 가장 잘 맞닿아 있을 가능성이 크다. 이것이 바로 폴 자비스가 웹디자인 에이전시를 더 키우는 대신 자신의 마음을 가장 깊게 울리는 개인 프로젝트에 집중하게 했던 요인이다.

그가 열정을 품은 것은 디자인 작업과 글쓰기였다. 그래서 외부 일을 늘리면 수익이 늘어날 수 있었음에도 그는 자신이 좋아하는 콘텐츠를 만드는 일에서 가장 큰 열정을 느꼈다. 정말로 가슴 뛰는 지점에 초점을 맞춘 덕분에 그는 일에서 더 큰 만족을 얻었을 뿐만 아니라 충성도 높은 독자를 끌어들이는 고유한 틈새시장도 만들어냈다.

노력의 방향을 열정과 일치시키면 스스로 충만해질 뿐만 아니라 성공으로 가는 경로를 차별화할 수 있음을 보여주는 사례다.

이와는 달리 꾸준히 에너지를 빨아들이거나 그저 의무로만 느껴지는 업무와 책임을 기록해둔다. 어떤 길에든 단조롭거나 힘겨운 요소는 있기 마련이지만, 불안감이나 몰입 저하가 전반적으로 이어진다면 열정이 식고 있다는 신호일 수 있다.

팟캐스트 편집이 거대한 잡일처럼 느껴지던 때가 있었다. 에피소드를 녹음하고 인터뷰 일정을 잡는 일 자체가 두려울 정도였다. 언젠가는 결국 파일을 잘라 붙여 최종본을 만들어야 했기 때문이다. 처음 시작할 때는 내 프로그램이 있다는 사실만으로도 신났지만, 그런 기간이 지나자 부담감만 느끼게 되었다. 한때의 에너지가 완전히 사라졌다.

내가 가장 좋아한 부분은 편집이 아니라 대화 그 자체였다. 2011년에는 아예 프로그램을 접을 뻔했다. 다행히 가까운 친구 크리스 더커Chris Ducker가 정신을 차리게 해줬다. 그가 늘 되뇌는 문구가 있다. "가장 잘하는 일에 집중하고 나머지는 다른 사람에게 위임하라." 마침내 그 말을 따를 때가 온 것이다. 그래서 첫 팟캐스트 편집자를 고용했다. 약간의 적응기가 필요했지만, 지금 돌아보면 최고의 결정 가운데 하나였다. 수천 편의 에피소드를 녹화한 지금도 내가 진짜로 기대하는 건 놀라운 사람들과 공감하고 그들의 이야기를 진심 어린 호기심으로 풀어내는 일이다.

비슷한 침체기에 빠져 있다면 겁먹을 필요는 없다. 열정은 시간에 따라 오르내릴 수 있고, 다시 불씨를 살릴 방법도 많으니까. 예를 들면 다음과 같은 방법이 있다.

- 루틴에 새로움과 도전을 주입해본다. 단기간에 고강도로 몰입하도록 자발적 강제 장치를 설계함으로써 다시 기동력을 얻는 방법도 효과적이다.

- 비슷한 여정을 걷는 사람들과 교류한다. 같은 길을 걸어온 커뮤니티 안에서 영감이나 문제 해결의 실마리를 얻는 것만큼 좋은 방법은 없다. 실제로 나 역시 커뮤니티 안에서의 인연 덕분에 첫 팟캐스트 편집자를 만날 수 있었다.

- 의도적으로 쉰다. 때로는 그냥 쳇바퀴에서 잠시 벗어나 다

시 몰입하고 에너지를 재충전할 시간이 필요할 수 있다. 잠깐의 산책처럼 짧은 휴식이 필요할 수도 있고, 좀 더 긴 휴식이 필요할 수도 있다. 나의 멘토인 마이클 하이엇은 매년 한 달을 완전히 비우고 재충전에 힘쓴다.

- 현실을 직시한다. 열정이란 늘 들뜨는 감정만을 뜻하지 않는다. 조용한 헌신, 목적의식, 만족감도 열정의 한 형태다. 항상 고양된 상태를 요구하기보다는 지속 가능한 몰입과 충만감을 지향하는 편이 바람직하다.

위의 전략들을 시도한 뒤에도 계속 열정이 부족하다면 더 큰 변화를 암시하는 신호일 수 있다. 이때는 자기 점검의 다른 측면들(일치, 균형, 성장)을 살펴봐야 한다. **열정의 결핍은 더 깊은 수준의 불일치를 드러내는 경고일 수 있다.** 다음과 같은 어려운 질문들을 두려워하지 말아야 한다. 이 길은 여전히 나의 가치와 장기적 비전에 맞아떨어지는가? 그 목표를 좇느라 삶의 다른 영역을 지나치게 희생하고 있지는 않은가? 내가 성장하여 이 꿈이나 방향을 이미 벗어나버린 것은 아닌가?

이 질문들에 답하는 것은 쉽지 않지만, 자기 점검 과정에서는 필수적이다. 직관과 내면의 지혜가 자신을 진정 옳은 길로 이끌 것임을 믿어야 한다. 설령 그 결과로 어려운 선택이나 변화를 감수해야 하더라도 말이다.

덧붙여, 열정이 일시적으로 떨어진다고 해도 길을 잘못 든 것은 아니다. 다만 몇 가지 조정이나 수정이 필요하다는 신호일 수 있다. 과정의 일부일 뿐이다. 열정의 변화를 민감하게 감지하고 의도적으로 방향을 미세 조정해나간다면 여정은 장기적으로도 충만하고 지속 가능한 상태를 유지할 수 있다.

목적 Purpose

자신의 목적과 일치하는 순간 우리의 활동에 특별한 흐름과 자연스러움이 생겨난다. 길이 언제나 쉽지는 않아도 그 길 위에서 스스로에게 진실하다는 감각이 든다. 목표와 포부가 내면의 핵심과 조화를 이룰 때 우리는 더 진정성 있고 의미 있는 결정을 내리고 행동할 수 있다.

심리학자 미하이 칙센트미하이(이름을 세 번 연속 말해보라. 쉽지 않을 것이다!)는 저서 《몰입》에서 몰입flow이란 개념을 세상에 처음 본격적으로 알렸다. 그의 설명에 따르면, **몰입은 도전과 역량이 맞닿는 지점에서 일어난다.** 일이 너무 쉬우면 지루해지고, 반대로 너무 어려우면 스트레스가 쌓인다. 하지만 열정과 능력에 맞닿은 어려운 일을 시도할 때 우리는 모든 엔진이 동시에 점화되는 듯한 상태로 들어간다. 바로 그때 몰입이 시작되고 진짜 마법이 일어난다.[1]

SPI 커뮤니티의 멤버인 부츠 나이튼Boots Knighton은 최근 자기 일에서 목적의 힘을 체감했다. 그는 자신의 이야기를 나누고 자신처럼 개복 심장 수술을 한 사람들의 이야기를 담기 위해 2023년 1월 팟캐스트 〈더 하트 챔버 팟캐스트The Heart Chamber Podcast〉를 시작했다.

그의 목표는 압도감에 휩싸여 막막한 환자들을 돕는 것이었다. 시작은 짜릿했다. 누군가에게 실제로 도움이 될 수 있다는 사실이 무척 설렜다. 다만 문제가 하나 있었다. 프로그램이 좀처럼 탄력을 받지 못한 것이다. 그럼에도 그는 이 팟캐스트와 자신의 이야기를 전하는 일이 자신의 소명임을 알고 있었다. 자신이 어려움을 겪은 것은 다른 사람을 돕고 섬기기 위해서라고 믿었고, 더 많은 청취자에게 닿을 방법을 기어이 찾아내겠다고 마음먹었다.

부츠는 정기적으로 학생들의 질문에 답해주는 나의 온라인 면담 시간에 찾아와, 팟캐스트 마케팅을 어떻게 개선할 수 있는지 물었다. 도움을 받은 뒤로 그의 구독자 수는 서서히, 그러나 분명히 오르기 시작했다. 설문조사를 거쳐 팟캐스트 제목을 '오픈 하트 서저리 위드 부츠Open Heart Surgery with Boots'로 바꾸고 나서 마침내 잠재되어 있던 기하급수적 성장을 체감하기 시작했다. SPI 커뮤니티에 올린 축하 메시지에서 그는 이렇게 전했다. "사흘 만에 미국 애플 팟캐스트의 의학 카테고리 차트에 올랐어요. 꿈이 이루어졌습니다!"

이 주제에 대한 끈기와 열정 덕분에 부츠는 훨씬 더 많은 사람의 삶을 바꾸게 될 것이다. 열정은 이렇게 결의로 이어진다.

반면 열정과 방향이 엇나가면 마음 한구석에 계속 불편함이 남는다. 이런 경우 결정을 내릴 때마다 자신을 자주 의심하거나 자신의 진정성을 희생하고 있다는 느낌을 받거나 말하는 가치와 실제 행동 사이에 괴리가 있다는 걸 자각하게 된다.

자신이 본래의 길에서 벗어났다는 경고 신호로는 이런 것들이 있다.

- 목표나 비전에 관련된 일들을 꾸준히 미루거나 피하는 경우
- 진짜 자신과는 다른 가면을 쓰고 역할극을 하는 듯한 기분이 드는 경우
- 일이나 성취를 위해 건강, 인간관계를 비롯한 중요한 것들을 자주 희생하는 경우
- 성과는 내고 있지만 공허함이나 불만을 느끼는 경우

이런 신호들이 눈에 띈다면 자신을 책망할 필요가 없다. 누구나 삶의 방향이 엇나가는 시기를 겪는다. 중요한 건, 그 사실을 인식하는 것이 다시 제자리를 찾는 첫걸음이라는 점이다.

당신만의 북극성을 세워라: '개인 사명문'의 가치

자신의 가치와 방향이 제대로 맞춰져 있는지 점검하고 바로잡는 가장 강력한 방법은 나만의 사명문mission statement을 써보는 것

이다. 나만의 사명문이란 삶과 일에 대한 핵심 가치, 신념, 장기적 비전을 간결하고 명확하게 정리한 문장이다.

이런 '북극성'이 있으면 갈림길에서 흔들릴 때 무엇이 옳은지 놀랄 만큼 또렷해지고, 잠깐 길에서 벗어나더라도 다시 제 방향을 찾을 수 있다.

창업 초기에 사명문을 만들어두었더라면 좋았을 것이다. 그 무렵 나는 이미 항로에서 벗어났을 뿐만 아니라 이른바 '다크 사이드Dark Side'(영화 〈스타워즈〉의 '포스의 어두운 면the dark side of the Force'에서 나온 말로서 탐욕이나 타락을 빗대고 있다—옮긴이)에 발을 들이고 있었기 때문이다.

2011년 건축 관련 사업이 거의 자동으로 굴러가고 있을 때 온라인에서 수익을 낼 수 있는 다른 방법들을 더 실험해보기 시작했다. 그러다가 어떤 블로거의 이야기를 접했다. 그는 개발자를 고용해 프리미엄 워드프레스 플러그인(오픈소스 기반의 콘텐츠 관리 시스템인 워드프레스에서 웹사이트 기능을 확장하기 위해 쓰이는 부가적 프로그램이나 모듈—옮긴이)을 만들고 소프트웨어 접근권을 77달러에 판매함으로써 채 일주일도 안 되어 10만 달러 이상을 벌었다고 한다.

그 순간, 나는 머릿속에서 스크루지 맥덕 Scrooge McDuck (디즈니의 부자 오리 캐릭터―옮긴이)으로 변신했다. 나만의 플러그인을 출시하면 돈이 가득한 금고에서 헤엄치게 될 거라는 상상이 떠올랐다. 그래서 바로 실행에 들어갔다. 자세히 들여다보면 아마 내 눈동자에 달러 표시가 떠 있었을 것이다.

나는 곧바로 구글에서 개발자를 찾아 완전히 다른 플러그인을 만들기 시작했다. 예상 비용은 6000달러이고 개발 기간은 6주였다. 그런데 6주가 지나도 플러그인은 완성되지 않았다. 우리에게는 더 많은 시간이 필요했고 개발자에게는 더 많은 돈이 필요했다. 12주가 지나도 상황은 똑같았다. 또 시간과 돈이 필요했다. 그렇게 질질 끌던 프로젝트는 6개월 후에야 겨우 끝났다. 총비용은 1만 5000달러였다.

예상보다 훨씬 많은 돈이 들어갔지만 나는 모두 회수하고도 남을 거라고 스스로를 달랬다. 이제 출시만 하면 됐으니까. 하지만 결과는…….

총매출은 0달러였다. 한 건도 팔리지 않았다.

나는 얼마나 돈을 벌 수 있을지에만 사로잡힌 나머지 사람들이 기꺼이 돈을 낼 만한 '가치'가 있는 제품을 만드는 데에는 거의 신경 쓰지 않았다. 출시를 앞두고 몇몇 그룹을 대상으로 베타 테스트를 진행했지만 단 한 사람도 돈을 내고 사겠다고 하지 않았다. 어떤 익명의 응답자는 아예 '진부한 쓰레기'라고 혹평했다. 뼈아팠지만 사실이었다. 더 안타까운 것은 여러 참가자가 정말 필요한 기능을 아주 구체적으로, 훌륭한 제안과 함께 잔뜩 알려줬다는 점이었다. 하지만 이미 예산을 크게 초과했고 시간도 너무 많이 날린 뒤였다.

결국 그 플러그인은 시장에 내놓지 않았다.

1만 5000달러와 6개월을 날린 덕분에 내 자만심은 깨졌고 사업에서 정말 중요한 것이 무엇인지를 분명히 깨닫게 되었다. 바로 **사람들에게 실제로 도움이 되는 가치를 제공하는 일**이었다.

그때부터 나는 첫 번째 사명문을 만들었다. "청중의 실제 요구를 충족하는 가치 우선 해법을 개발·제공하고 이익보다 커뮤니티의 피드백을 우선한다. 내가 만드는 모든 제품에서 봉사하고 혁신하며 신뢰를 쌓는다." 그 뒤로 나는 이 사명에 따라 살아왔고, 다른 사람들에게도 그렇게 가르쳐왔다. 이는 SPI 커뮤니티 안에서 일종의 만트라가 되었다. 유튜브에서 나를 본다면 "먼저 봉사하라Serve First"고 적힌 티셔츠를 입고 있을지도 모른다. 내가 신념처럼 믿는 이 문장은 나를 궤도에 올려주고 더 나은 결정을 하게 만든 개인 사명문 가운데 하나다.

개인 사명문을 만들기 위해서는 자신에게 다음과 같이 물어야 한다.

1. 내게 양보할 수 없는 원칙과 가치는 무엇인가?
2. 세상에 어떤 종류의 영향을 남기고 싶은가?
3. 일상과 관계 속에서 어떤 자질과 특성을 드러내고 싶은가?
4. 외적 성과나 지표를 넘어, 나에게 성공과 충만은 무엇을 의미하는가?

이 작업을 위해서는 시간을 추가로 확보해야 한다. 준비가 되면 캘린더에 두 시간짜리 구간을 잡아두라(보라, 필요할 때 필요한 일을 실제로 일정에 넣고 있다!).

이 연습은 서두르지 말고 천천히 진행하라. 자기 검열을 하지 마라. 솔직하고 구체적일수록 사명문은 더 강력해진다. 이는 앞길을 비추는 이정표이자 어려운 결정을 걸러주는 필터이기에 소홀히 해서는 안 된다.

사명문을 갖추었다면 지금의 경로와 선택을 평가하는 기준점으로 삼아라. 어떤 결정이나 기회 앞에 섰을 때 이렇게 물어보라. '이것은 내 사명과 가치에 맞닿아 있는가? 이것이 내 삶과 일의 장기적 비전에 더 가까이 가게 하는가?'

만약 답이 '아니오'라면 이제 방향을 조금 조정할 때일지도 모른다. 그건 어떤 약속을 거절하는 일일 수도 있고, 목표를 다시 정의하는 일일 수도 있으며, 아예 새로운 길로 전환하는 일일 수도 있다. 변화가 두렵게 느껴질 수도 있다. 하지만 결국 자신의 진실과 다시 맞추는 과정은 언제나 그만한 가치가 있다.

기억하라. 자신의 길과 조율하는 일은 한 번으로 끝나는 사건이 아니라 꾸준히 지속되는 과정이다. 우리가 성장하고 변해가는 만큼, 우리의 가치와 비전도 달라질 수 있다. 그래서 최소한 분기마다 한 번은 사명문을 점검하며, 지금의 나와 여전히 울림이 있는지 확인하는 습관을 들이는 것이 좋다.

이렇게 자신과의 일치 상태에 민감하게 귀 기울이고 진정성을 지키려는 선택을 반복한다면 여러분의 여정에는 의미가 충만할 것이다. 그리고 여러분이 가장 깊은 진실과 조화를 이룰 때 세상은 상상도 못 한 방식으로 여러분에게 힘을 보태줄 것이다.

객관적 시야를 위한 피드백 활용법

세션을 마친 후 더 많은 질문과 호기심이 생겼을지 모른다. 바로 여기서 다른 사람의 피드백이 중요한 역할을 한다. 우리는 흔히 눈앞의 것을 제대로 보지 못하기 때문에 외부의 시각이 필요할 때가 있다.

말 그대로 '병 속에 들어가 있으면 라벨을 읽을 수 없다.' 우리는 때때로 자신의 경험, 생각, 행동에 너무 푹 빠져서 자신을 객관적으로 보지 못한다. 그래서 자기 점검 과정에서 외부 피드백이 중요하다. 자기 평가와 결합한 다른 사람의 피드백은 혼자서는 얻기 어려운 통찰과 관점을 제공해준다.

이 책의 앞부분에서 여정에 힘을 보태는 '챔피언'을 곁에 두면 어떤 이점이 있는지 살펴보았다. 피드백을 구할 때는 개인 멘토가 특히 소중한 자원이 된다. 멘토는 유사한 길을 걸어본 사람으로서 경험과 지혜에 근거한 전략적 조언, 건설적 비판, 격려를 건넨다.

물론 멘토만이 피드백을 줄 수 있는 것은 아니다. 소규모 자기 계발 모임이나 기타 네트워크 또는 커뮤니티 역시 훌륭한 피드백의 원천이 된다. 다양한 배경과 업계를 아우르는 사람들이 모여, 주변에서는 얻기 힘든 새로운 관점과 통찰을 제공할 수 있다.

한 가지 조언을 덧붙이자면 피드백을 구할 때는 막연해서는 안 된다. "무엇을 하면 좋을까요?", "이걸 더 잘할 수 있게 도와줄 수 있나요?" 같은 질문은 어떤 도움이 필요한지 특정하기 어렵게 한다. 질문이 구체적일수록 결과도 좋아진다.

SPI 커뮤니티의 '무엇이든 물어보세요Ask-Me-Anything(AMA)' 세션(실시간 공개 Q&A 세션—옮긴이)에서 구체적이고 좋은 질문을 남긴 멤버인 아말리아의 사례를 보자. 그녀는 요가를 주제로 작은 유튜브 채널을 운영한다.

SPI 내부에서 가이드로 활동하면서 이런 구체적인 질문에는 개인적 경험과 자료를 바로 꺼내 더 쉽게 도움을 줄 수 있었다. 다만 이렇게 구체화해서 묻는 일이 항상 쉬운 것은 아니다. 만약 질문을 좀 더 구체화하기 위해 도움이 필요하다면 앞서 소개한 자기 점검 결과를 출발점으로 삼으면 된다. 예상과 다르거나 바람과 어긋나는 피드백일지라도 열린 태도로 받아들이는 것이 좋다. 조언을 건넨 네트워크의 응답자들에게 감사 인사를 전하고, 그 조언을 어떻게 실행에 옮길지 고민해야 한다.

전문가가 아닌 친구나 가족에게 피드백을 구하는 것도 개인적 성장과 발달에 도움이 된다. 그들은 나를 가장 잘 알고, 내 행복과 건강을 바란다. 다만 솔직함과 공감, 지지의 태도를 가진 사람들에게 피드백을 요청하는 편이 좋다. 과도하게 평가절하하는 사람들의 피드백은 도움이 되지 않을 수 있다.

건축 분야 '친구들' 가운데에는 내 창업을 전혀 지지하지 않았던 사람들이 있었다. 그들은 내가 언젠가는 다시 '제대로 된 직장'으로 돌아가게 될 거라고 농담처럼 말하곤 했고, 가끔 점심이나 커피를 함께할 때면 내가 '학위를 내던지고' 내 경력을 낭비하고 있다는 식으로 깎아내리는 분위기가 늘 따라붙었다. 괴로웠다. 그런데 내가 온라인에 사업 여정을 공개하고 성과를 나누기 시작하자 그들의 점심 초대는 뚝 끊겼다. 자기 말을 다시 주워 삼키려니 밥맛도 없어졌던 모양이다.

한편 늘 여러분이 얼마나 멋진지만 말해주는 응원단만 곁에 있다면 보다 현실감 있는 피드백으로 균형을 맞출 필요가 있다. 응원은 사기를 북돋지만 실제 성장을 돕는 건 언제나 건설적인 비판이다. 물론 지지받는 느낌은 중요하다. 하지만 필요한 말을 해주고, 책임을 묻고, 기준을 지켜주는 사람(있는 그대로 말해줄 사람)도 곁에 있어야 한다.

물론 외부 피드백을 구하는 일은 자신을 취약하고 불편하게 만들 수 있다. 그러나 호기심과 겸손 그리고 성장의 의지를 갖는다면 이 과정은 가장 큰 변화를 이끄는 실천이 된다.

성장은 도전받을 때만 일어난다. 어떤 의미에서는 이 전체 과정 자체가 자발적 강제 장치다. 멘토, 동료, 친구, 가족으로부터 피드백을 모을 때는 반복적으로 등장하는 공통 주제나 패턴을 찾아보라. 자주 거론되는 통찰과 제안이 바로 가장 주의 깊게 다뤄야 할 영역이다.

동시에 피드백은 어디까지나 피드백일 뿐이라는 사실을 잊지 마라. 피드백은 데이터이지, 운명이 아니다. 자신이 얻은 통찰을 어떻게 해석하고 어떻게 성장에 통합할지는 스스로 결정해야 한다. 세계에서 가장 성공한 사람들은 끊임없이 배우고 성장하고 개선할 새로운 방식을 찾는 사람들이다. 그런 사람이 되려면 피드백을 자기 발견과 변화의 도구로 받아들여야 한다.

린 러닝의 여정은 결코 직선이 아니다. 그러나 지속적인 자기 성찰과 적절한 전환을 통해 모든 걸음이 더 큰 삶의 비전과 일치하게 만들 수 있다. 《린 스타트업The Lean Startup》의 저자 에릭 리스Eric Ries의 말처럼 *"방향 전환은 비전은 바꾸지 않은 채 전략을 바꾸는 것"*이다.

다음 장에서는 지금까지 쌓아온 역량을 한 단계 끌어올리는 방법을 다룬다. 비디오게임에서 레벨을 올리듯이 충분한 경험치를 모았다면 이제 그 기술들을 묶어 영향력을 증폭시킬 차례다. 자, 계속 나아가자.

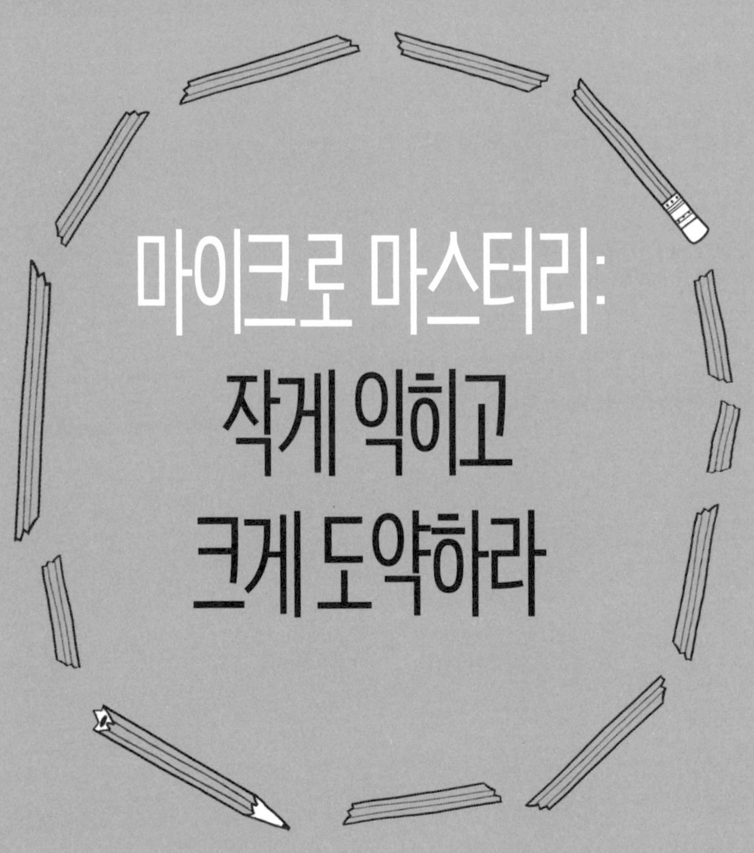

마이크로 마스터리: 작게 익히고 크게 도약하라

위대한 일은
한꺼번에 이루어지는 것이 아니라
작은 일들이 모여서
이루어지는 것이다.

빈센트 반 고흐
Vincent van Gogh

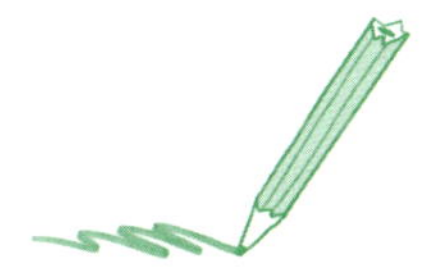

우리의 여정 중에는 반드시 변화를 선택해야 할 결정적 순간이 찾아온다. 그 순간을 외면하면 우리는 제자리에 머물 수밖에 없다. 그 변화는 아주 작고 의도적인 걸음(마이크로 마스터리)을 통해서일 수도 있고, 훨씬 크고 대담한 도약(퀀텀 리프)을 통해서일 수도 있다. 개인적, 직업적 성장을 향한 길은 결코 단순하거나 일직선이 아니다.

이 장에서는 두 가지 접근법을 모두 살펴볼 것이다. 세밀한 정밀함을 어떻게 기르는지, 그리고 언제 과감한 도전을 선택해야 하는지를 말이다.

자, 이제 본격적으로 시작해보자.

오리 벵갈Ori Bengal은 세상을 떠돌며 블로그를 운영하던 여행자였다. 하지만 나를 비롯한 많은 사람에게 그는 '카우치 서핑 오리Couch Surfing Ori'로 더 유명했다. 자칭 '전문 카우치 서퍼couch surfer(호텔이나 숙소 대신 지인이나 낯선 사람의 집에서 카우치, 즉 소파에 묵는 여행자―옮긴이)'였던 그는 미국 전역을 누비며 이 집 저 집을 전전하는 자신의 기상천외한 모험담을 블로그에 기록했다.

대학교 기숙사부터 억만장자의 저택까지 오리는 온갖 집에서 묵으며 세상을 경험했다. 수많은 팔로워와 팬들처럼 나도 그의 모험기를 보며 대리만족을 느꼈다. 하지만 단순히 즐기는 데서 끝나지 않았다. 오리가 길 위에서 만나 친분을 쌓은 다양한 사람과 가족들의 이야기는 내게도 큰 영감을 주었고, 그 만남에서 그가 얻은 영향력은 무시할 수 없을 만큼 컸다.

2010년 나는 한 행사장에서 '카우치 서핑 오리'를 만났다. 그는 다양한 인터넷 마케팅 활동으로 근근이 생활비를 벌고 있었다. 그중에는 사람들에게 웹사이트를 만들어주는 일도 포함되어 있었다. 그래서 그가 그 마케팅 콘퍼런스에 참가했던 것이다.

그날 밤 그가 누구네 집 소파에서 묵었는지는 기억나지 않는다. 하지만 그의 전염성 있는 밝은 에너지와 물 흐르듯 흘러가는 삶의 태도만큼은 뚜렷하게 기억난다.

다만 겉으로는 모험심이 가득한 영혼 같았지만, 그 깊은 내면에는 조용한 공허가 자리 잡고 있었다. 곧 알게 되었지만, 성공한 세계 여행자이자 디지털 기업가였던 오리는 사실 자신이 가장 사랑했던 예술을 오래전 버려둔 상태였다.

어릴 때부터 그림과 회화, 조각을 사랑한 오리는 자신의 뿌리에서 멀리 떨어져 있었다. 청년 시절 개인전에서 단 한 점의 작품도 팔지 못한 좌절을 겪은 뒤, 그는 붓을 완전히 내려놓았다.

이후 몇 년간 오리는 자신을 '예술에 실패한 인터넷 마케터'라고 불렀고, 그 꼬리표는 그에게 더 깊은 패배감을 안겨주었다. 하지만 2012년, 무려 10년 동안 한 장의 스케치도 그리지 않았던 그는 하와이에서 카우치 서핑을 하다가 친구의 초대로 미술관을 찾게 되었다.

마지못해 발걸음을 옮겼지만, 그곳에서 영감을 주는 수많은 작품들 사이에 선 순간 오리는 잊고 지내던 자신의 진짜 열정과 첫사랑을 깨달았다. 가슴은 아팠지만 동시에 다시 희망이 피어올랐다. 바로 그 순간, 그는 예술과 다시 이어지기로(창작을 다시 시작하기로) 결심했다.

오리는 다시 예술가의 길을 붙잡기 위해 다소 굳어버린 창작 감각을 되살리고 어떤 좌절에도 흔들리지 않을 단순한 전략을 실행하기 시작했다. 하와이 여행을 다녀온 직후 그는 페이스북에 이렇게 선언했다. 앞으로 매일 새로운 작품을 하나씩 만들어내겠다고.

이 결심은 스스로에게 공개적으로 적당한 압박을 주는 방법이었다. 꾸준함이야말로 무엇보다 빠르게 실력을 끌어올리는 지름길이라는 사실을 그는 알고 있었다. 여기에 팔로워들의 지지도 더해졌다. 사람들은 하루하루 완성되는 그의 작품에 이름을 붙여주며 그와 함께했다. 그 과정은 자연스레 공동의 노력이 되었다.

오리 역시 불완전함의 힘을 받아들였다. 예술은 본질적으로 주관적이기에 무엇이 좋고 나쁘다고 단정할 수는 없다. 하지만 그는 자신의 작품 가운데 마음에 들지 않는 부분조차 솔직하게 드러내고, 다음에는 어떻게 개선할 것인지 공유했다. 그야말로 수련 중인 예술가답게 완벽이 아니라 진전을 선택한 것이다. 우리가 모두 그래야 하듯이 말이다.

하지만 오리에게서 가장 흥미롭고도 독특했던 점은 따로 있었다. 그가 4000점이 넘는 작품을 매일 올려온 과정에서 늘 한 번에 단 하나의 작은 요소만 집중적으로 다듬어나가려는 의도가 뚜렷하게 드러난다는 점이었다. 전체를 모아보면 그의 성장 궤적이 선명하게 보인다. 소셜 미디어의 사진첩 덕분에 해마다 이어진 그의 작업이 어떻게 진화했는지 고스란히 눈앞에 펼쳐진다. 시간을 거슬러 올라가면서 그때그때 그가 어떤 기술을 갈고 닦았는지 하나하나 따라갈 수 있다.

최근 대화에서 오리는 이렇게 털어놓았다. *"실력을 키우려면 초점을 아주 세밀하게, 정말 극도로 좁혀야 했어요.* 먼저 전체를 보고 그걸 다시 작은 부분들로 나눈 다음 그중 가장 중요한 요소를 찾아내는 거죠. 그리고 거기에 집중하는 겁니다. 그런데도 여전히 더 작은 부분들로 쪼개어볼 수 있어요."

지금 오리의 작품 세계는 과거와는 비교할 수 없을 만큼 성장했다. 이제는 세계 곳곳에서 작품을 의뢰받고 있으며, 마술사 데이비드 코퍼필드David Copperfield와 배우 윌리엄 섀트너William Shatner 같은 유명 인사들도 그의 고객이다. 심지어 록 스타 앨리스 쿠퍼Alice Cooper와 협업한 작품으로는 자선기금 1만 달러를 모으기도 했다.

오리의 이야기는 단순히 영감을 되찾은 감동적인 서사만이 아니다. 린 러닝의 살아 있는 사례로서 우리에게 중요한 교훈을 남긴다. 영감만으로는 결코 성공할 수 없고, 그의 성취는 하루아침에 이루어진 것도 아니었다. 오히려 수많은 작고 점진적인 개선이 쌓이고 쌓여 마침내 놀라운 결과를 만들어낸 것이다. 이것이 바로 진짜 통달의 모습이다. 셀 수 없이 많은 작은 시도들이 시간이 지나면서 하나의 거대한 성취로 이어지는 것이다.

마이크로 마스터리: 작게 나누어 개선하라

린 러닝은 무작정 행동하는 것이 아니다. 어떤 기술을 배우든 그 기술을 이루는 작은 요소에 집중한다. 이것이 바로 마이크로 마스터리Micro Mastery다. 눈에 잘 띄지 않는 작은 변화, 구체적이고 점진적인 변화를 쌓아 올려 결국 큰 결과를 만드는 과정이다. **반복되는 행동이나 기술 속에서 특정 요소를 골라내어 집중적으로 개선하는 것, 그리고 그것을 습관과 결합하는 것. 그게 마이크로 마스터리의 핵심이다.**

예를 들어, 누군가가 매일 30분씩 달리는 습관을 만들었다고 치자. 여기에 마이크로 마스터리를 적용하면 어떨까? 한 주는 달리는 자세만 완벽하게 다듬고, 그다음 주는 호흡법에 몰입해 폐활량을 끌어올린다. 이런 식으로 하나하나 파고드는 것이다.

이처럼 기술을 세분화하고 초점을 맞추는 접근은 훨씬 빠르고 효과적인 자기 계발을 가능하게 한다. 또 코치가 훈련생을 지도하듯이 큰 기술을 작은 단위로 쪼개서 잠깐 동안 특정 부분에만 몰입하게 해준다. 결국 습관을 한 단계 높은 차원으로 끌어올리는 방법이 바로 마이크로 마스터리다.

고등학교와 대학교 시절, 나는 밴드에서 활동했다. 나를 조금이라도 아는 사람이라면 이미 예상했을 것이다. 너드nerd 기질이 다분한 내가 음악을 했다는 게 전혀 놀랍지 않으니까. 하지만 그 시절에 나는 어떤 분야에서 정말 잘하기가 얼마나 어려운지 처음으로 몸소 경험했다. 단순히 시간을 들여 연습을 하고 악보를 외우는 것만으로는 훌륭한 연주자가 될 수 없었다. 더 깊은 노력이 필요했다.

연습할 때 지휘자는 같은 곡을 처음부터 끝까지 무한 반복하게 하지 않았다. 대신 어려운 부분을 쪼개어 집중적으로 반복 연습하게 했다. 틀리면 연주를 멈추고 고개를 저으며 다시 하라고 했다. 때로는 파트별로 쪼개 연습했고, 심지어는 개인별로 다시 나눠 반복하기도 했다.

전체 연주를 멈추게 만든 주인공이 내가 되었을 때의 민망함은 이루 말할 수 없었다. 하지만 그 과정을 통해 중요한 교훈을 얻었다. 내가 생각하는 '이 정도면 됐다'라는 수준이 절대 충분하지 않다는 것. 시간이 흐르면서 우리는 점점 자부심을 느끼기 시작했다. 결국 무대에서 연주를 끝냈을 때 그 음악에는 우리가 쏟아부은 땀과 노력이 고스란히 담겨 있었기 때문이다. 음악적 실력을 끌어올리려면 그 곡을 다시 쪼개고 또 쪼개는 고된 과정을 끝없이 반복해야 했다. 그리고 그 배움은 평생 잊히지 않았다.

골프 레슨을 받을 때도 마찬가지였다. 동료 조지의 권유로 골프를 시작한 첫날부터 드라이버로 티샷을 날리고, 아이언으로 어프로치 샷을 하고, 먼 거리에서 퍼팅하고, 벙커에서 탈출하는 법까지 한 번에 배우지는 못했다. 코치는 한 번에 하나에만 집중하게 했다. 예를 들면 퍼팅 같은 것에.

그런데 그조차도 충분히 잘게 나누어진 게 아니었다. 어떤 날은 무려 한 시간 동안 그린의 경사를 읽는 법만 연습했고, 또 어떤 날은 공을 퍼터로 어떻게 정확히 맞힐 것인가만 다뤘다. 지루할 정도로 세세한 훈련이었고, 솔직히 짜증나는 순간도 많았다. 하지만 그 결과는 분명했다. 아주 잘한다고 할 정도는 아니었지만, 확실히 늘었다.

이게 바로 마이크로 마스터리가 작동하는 방식이다. 작은 걸음을 끊임없이 쌓아 올려 결국 큰 성장을 만들어내는 것.

오리의 경우 팬들이 페이스북을 스크롤하다가 뜬금없이 그의 게시물을 마주치는 일은 드물었다. 그는 그런 식으로 활동하지 않았다. 대신 일정 기간 집중적으로 자화상을 그려 올리곤 했다. 여러 가지 스타일로 변주된 그의 얼굴이 타임라인에 잔뜩 올라와 있었다. 조금 더 내려가 보면 이번에는 공상과학에서 영감을 받은, 기묘한 생명체와 세계를 담은 작품들이 쏟아진다. 그는 그렇게 조금씩 변화를 추가하며 장기적으로 자신의 기법과 스타일을 다듬어갔다. 또 어떤 시기에는 특정 색깔이나 시각적 관점을 집중적으로 실험한 흔적이 이어졌다.

오리의 타임라인을 따라가다 보면 그는 늘 한 가지에 몰두했다. 결과가 만족스러울 때까지 파고들고 나서야 다음에 익히고 싶은 마이크로 기술micro skill로 옮겨 갔다. 나중에 그는 심지어 붓을 어떻게 잡느냐 같은 세세한 부분에까지 집착했다고 털어놓았다. 이게 바로 대가들이 알고 있는 비밀이다. **우리는 한 번에 하나만 제대로 익힐 수 있다. 진정한 숙련이란 수많은 작은 기술을 차례로 하나씩 갈고닦아 쌓아 올린 결과다.**

마이크로 마스터리 활용하기

얼마 전, 나는 매년 샌디에이고에서 열리는 소셜 미디어 마케팅 월드Social Media Marketing World에서 폐막 기조연설을 맡게 되었다.

나는 지금까지 전 세계 수백 개의 행사에서 연설을 했고 기조 연설에도 꽤 익숙해졌지만, 늘 새로운 기술 포인트를 쌓고 내 실력을 한 단계 올릴 방법을 찾는다. 그래서 매번 강연을 준비할 때마다 한 가지 요소를 골라 깊이 파고들며 집중 훈련을 한다. 이번에는 은유를 다뤄보기로 했다.

은유는 개념을 빠르게 명확화하고 메시지를 더 오래 기억에 남게 하는 강력한 도구다. 이번 강연에서 제대로 된 은유를 구사할 수 있다면 내 메시지가 훨씬 더 효과적으로 전달될 거라고 확신했다. 주어진 주제는 롱폼long-form 콘텐츠였다. 나는 왜 틱톡이나 인스타그램 릴스 같은 숏폼short-form보다 롱폼을 선호하는지 이야기하기로 했다.

나는 숏폼 콘텐츠를 싫어하지 않는다. 하지만 내 생각에 롱폼이 언제나 압승이다. 비교할 수조차 없다. 롱폼은 시청자를 더 깊이 데려갈 수 있고, 장기적인 관계를 쌓을 수 있으며, 광고 수익도 훨씬 크다. 하지만 무대 위에 오른 다른 여섯 명의 유명 연사가 숏폼의 힘을 이야기하고 있는 상황에서 나는 내 주장을 확실히 뒷받침할 강력한 메시지가 필요했다.

그래서 비유를 써보기로 했다.

숏폼 콘텐츠는 핼러윈 때 사탕을 나눠주는 것과 같습니다.
사탕을 얻으려고 사람들이 몰려오면 그다음은 어떻게 될까요?
바로 옆집으로, 또 그 옆집으로 계속 옮겨갑니다. 온라인에서 여
러분의 숏폼 영상은 둠스크롤링*doom scrolling*(끝없이 스크롤을 멈
추지 못하는 온라인 사용 습관을 가리키는 표현―옮긴이) 속에 놓인
집 한 채일 뿐입니다. 몇 초 안에 잊히고 말죠.
저라면 차라리 레스토랑의 셰프가 되겠습니다. 세 코스 요리를
내어놓아 사람들이 자리에 앉아 음식을 음미하고, 대화를 나누
며, 경험을 즐기게 하는 셰프 말이죠. 이런 경험은 단순히 그 자
리에서 끝나지 않습니다. 집에 돌아가도, 하루가 지나도 이야기
로 남죠. 그리고 다시 저를 찾아와 다른 요리를 맛보고 싶어지겠
죠. 물론 이렇게 음식을 준비하는 건 봉지째 사 온 사탕을 나눠
주는 것보다 훨씬 어렵습니다. 하지만 그만한 가치가 있습니다.
이런 방식으로 콘텐츠를 만들어야 평생 팬을 얻을 수 있습니다.

나는 이 비유를 어떻게 전달할지 여러 방식으로 연습했다. 이

야기의 흐름을 보완하기 위해 슬라이드를 바꿔보기도 하고, 무대 위에서 실제로 사탕을 나눠줄까 고민하기도 했다. 셰프 모자를 쓰는 아이디어까지 떠올렸다. 행사 전에 SPI 커뮤니티에서 이 비유를 직접 시험해보며 청중의 반응을 확인하고, 다른 사람들도 충분히 이해하는지 검증했다.

그 결과, 강연은 성공적이었다. 단순히 내 요점을 잘 전달한 것에 그치지 않고, 행사에 참여한 몇몇 스폰서까지도 강연 후 내게 다가와 이 비유를 언급했다. 심지어 한 여성 참가자는 "이제 더는 핼러윈 사탕을 나눠주고 싶지 않네요, 감사합니다!"라고 말하기도 했다.

이처럼 마이크로 마스터리는 내가 하는 모든 일에 유용하게 쓰이는 실천법이다. 팟캐스트를 진행할 때는 후속 질문을 더 잘 던지려고 신경 쓴다. 운동할 때는 자세를 꼼꼼히 챙겨 허리에 무리가 가지 않게 한다. 수영할 때는 물에 손이 닿는 순간을 집중해서 본다. 아이들과 포트나이트를 할 때조차도 코박스 KovaaK's(일인칭 슈팅FPS 게임의 조준 훈련을 돕는 프로그램—옮긴이)를 활용해 반응 속도와 조준 실력을 조금씩 끌어올리려 노력한다.

작은 개선이 모두 즉각적으로 결과물을 향상시키는 건 아니다. 하지만 시간이 쌓이면 결과는 눈덩이처럼 불어나고 적용 방식에 따라서는 여러분을 더 빠르게 빅토리 로얄Victory Royale(초심자들을 위해 덧붙이면, 포트나이트에서는 이게 곧 1등이라는 뜻이다)로 이끌 수 있다.

기하급수적 성장을 만드는 마이크로 마스터리

내 사업에서 내가 팀과 함께 가장 집중하는 마이크로 마스터리는 세일즈 퍼널sales funnel(고객이 처음 브랜드를 접한 뒤 최종적으로 구매에 이르는 과정을 단계별로 비유한 마케팅 용어—옮긴이)의 각 요소를 세분화해 개선하는 일이다. 팀의 집단적 두뇌를 모아 프로세스 하나하나를 개선하다 보면, 결과는 놀랍고도 뜻밖의 방식으로 달라진다. 예를 들어보자(계산이 쉽도록 전환율은 10퍼센트로 가정한다).

첫째 주, 우리는 100달러짜리 상품을 파는 웹사이트를 개설한다. 이 사이트에 1000명이 방문하면 그중 10퍼센트가 이메일 리스트에 가입한다. 그러면 리스트에는 100명이 쌓인다. 그 100명

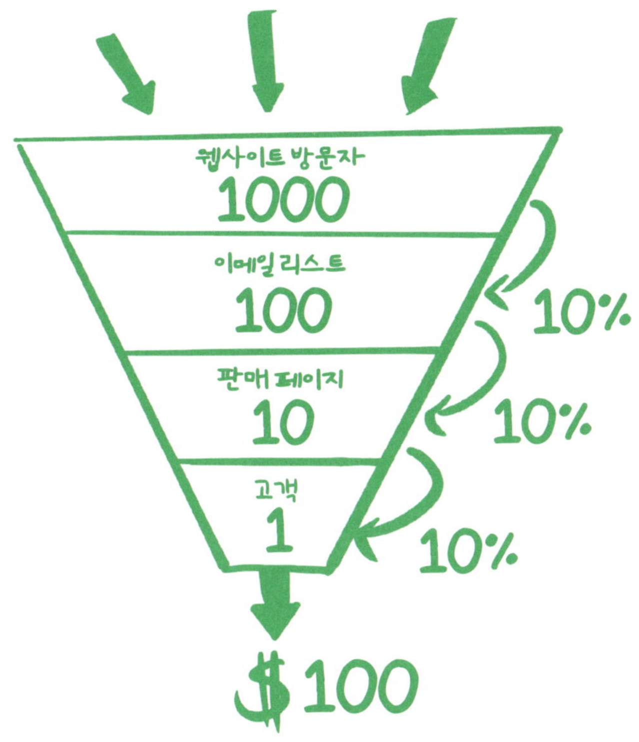

중 10퍼센트가 판매 페이지를 보기 위해 링크를 클릭한다. 즉 10명이 판매 페이지를 본다. 그리고 그 10명 중 10퍼센트가 실제로 구매한다면 결국 한 명이 제품을 구매하게 된다.

결과는 100달러의 수익이다.

간단한 산수이지 않은가? 하지만 진짜 흥미로운 건 이제부터다. 이제 여러분이 마이크로 마스터리를 적용해서 '이메일에서 판매 페이지로 넘어가는 전환율'을 개선한다고 상상해보라.

이 과정을 실행하면서 우리는 적시 정보를 활용해 최신 마케팅 전략을 가진 전문가를 찾아낸 다음 그의 전략을 실제로 적용하고 테스트할 수 있다. 그리고 그 변화를 적용할 시간을 일주일로 정해, 결과를 확인하고 그에 따라 다시 전략을 개선해나간다.

2주 차에는 또 다른 1000명이 웹사이트를 방문한다. 그중 10퍼센트, 즉 100명이 이메일 리스트에 가입한다. 하지만 이번에는 마이크로 마스터리를 적용해 이메일 리스트에서 판매 페이지로 넘어가는 전환율에 집중했기 때문에 전환율이 기존 10퍼센트에서 20퍼센트로 올라갔다. 그 결과, 20명이 판매 페이지를 방문했고 그중 10퍼센트가 실제로 구매해서 이번에는 두 건의 판매가 이루어졌다.

우리는 단번에 200달러를 벌어들인 것이다.

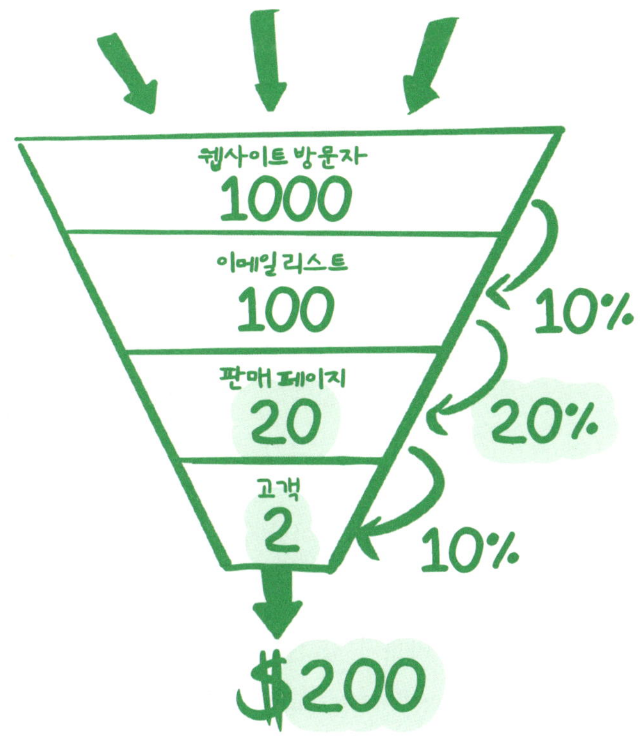

전환율을 두 배로 올리자 매출도 두 배가 되었다. 꽤 괜찮지 않은가? 게다가 사람들이 가장 먼저 떠올리는 방법인 '트래픽을 더 끌어오는 것'조차 필요하지 않았다. 여전히 아주 단순한 예이지만, 그래도 핵심은 잊지 말아야 한다.

마이크로 마스터리는 작은 변화를 하나씩 쌓아 올려서 결국 기하급수적인 성장을 만들어내는 과정이라는 점 말이다. 복잡한 과정의 한 부분에 집중해서 개선하고, 그 결과를 확인하며, 다시 다음 부분으로 나아간다. 그러면 눈덩이처럼 커지는 효과를 직접 체험하게 된다. 게다가 이건 그저 시작일 뿐이다.

계속 이어가 보자.

우리는 이미 이메일 리스트에서 판매 페이지로 넘어가는 전환율에서 빠른 성과를 얻었다. 이번에는 웹사이트 방문자를 이메일 리스트 가입자로 전환하는 부분에 마이크로 마스터리를 적용해보자. 이전과 마찬가지로 이번에도 적시 정보를 활용해 이 지점에 초점을 맞추고 개선해나갈 것이다.

하루는 이메일 제목만 집중적으로 다듬어 이메일을 열어볼 확률을 높이고, 또 하루는 이메일이 스팸함이 아닌 받은편지함에 도착할 확률을 끌어올리는 데 초점을 맞춘다. 그리고 또 하루는 구독 시 다운로드할 수 있는 무료 가이드 같은 매력적인 혜택을 마련해 가입을 유도한다.

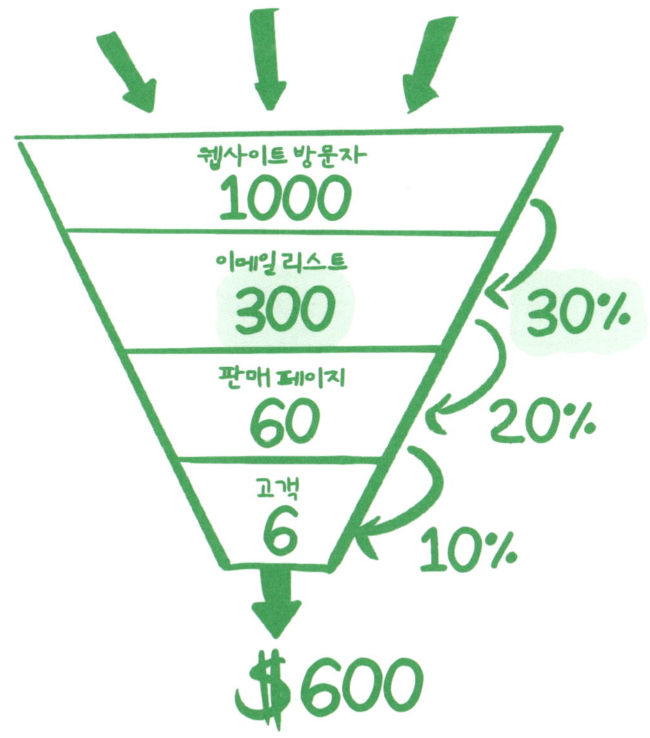

그렇게 3주 차가 되자 다시 1000명이 웹사이트를 방문했고 이번에는 마이크로 마스터리 덕분에 무려 30퍼센트의 전환율을 기록했다. 즉 300명이 이메일 리스트에 새로 가입한 것이다. 성과는 여기서 멈추지 않았다. 2주 차에 이미 이메일 리스트에서 판매 페이지로 이어지는 전환율을 개선해둔 덕분에 300명

중 20퍼센트인 60명이 실제 판매 페이지를 확인했다. 그리고 기존 10퍼센트의 전환율로 계산했을 때 총 여섯 건의 판매가 이루어져 매출은 600달러에 달했다.

방문자 수는 그대로였지만 결과는 완전히 달라졌다. 단 일주일 만에 성과를 세 배로 끌어올린 것이다.

이렇게 세일즈 퍼널의 한 부분에만 집중해도 숫자는 빠르게 커진다. 그리고 이 과정을 반복하면서 각 단계를 조금씩 개선해 나가면 전환율은 극대화되고 방문자 수는 늘어나며 말 그대로 '레몬에서 더 많은 즙을 짜내는' 결과를 얻게 된다.

마이크로 마스터리의 힘은 그 실행 가능성과 지속 가능성에 있다. 작은 변화를 차근차근 쌓아가면 성장은 한층 다루기 쉬워지고 우리를 압도하지도 않는다. 이런 방식은 학습 과정에서도 동기와 추진력을 유지하게 해주며, 최종 목표가 아무리 멀어 보여도 가시적인 진전을 계속 확인할 수 있게 한다. 결국 아주 작은 발걸음들이 꾸준히 쌓이고 개선을 거듭할 때 상상 이상의 결과를 만들어낼 수 있다.

잠재력을 해방하는 8단계 마이크로 프로세스

이런 식의 숙련을 학습 여정에 도입하는 것은 판을 바꾸는 일이다. 마치 요리사가 칼질을 완벽히 익히는 것과도 같다. 모든 것이 이 기본기에 달려 있기에 제대로만 익히면 그 위에 다른 기술들을 차곡차곡 쌓아 올릴 수 있다.

예를 들어 3억 명 이상의 구독자를 보유한 세계 1위의 유튜버 지미 도널드슨Jimmy Donaldson(미스터비스트MrBeast)의 인터뷰를 들어보면 언제나 그가 자신의 채널을 성장시키기 위해 어디에 초점을 맞추고 있는지가 화두다.

2019년 내가 비드서밋VidSummit에서 들은 그의 강연은 유튜브 섬네일, 즉 영상 제목 옆에 뜨는 이미지에 관한 것이었다. 최근에 그는 스토리텔링이나 챌린지 속의 인물들과 깊은 연결감을 만드는 일에 집중하고 있다고 밝히기도 했다. 바로 이런 요소들 때문에 전 세계 수백만 명이 그의 영상을 시청한다.

"사소한 것에 너무 신경 쓰지 마"라는 말을 곧이곧대로 받아들이지 마라. *사실 모든 것은 작은 것들로 이루어져 있다!* 그리고 때로는 그 작은 디테일에 세심하게 주의를 기울이는 것이 큰 성과로 이어진다.

물론 그전에 우리가 무엇을 하고 싶은지, 어디로 가고 싶은지 큰 그림을 그려야 한다. 그것이 바로 여러분의 '왜?'다. 하지만 무언가에 진정으로 탁월해지려면 철저한 집중과 주의가 반드시 필요하다.

개선할 구체적인 영역을 찾아내고, 꾸준히 노력하며, 작은 변화들이 만들어내는 누적 효과를 받아들일 때 삶의 어떤 영역에서든 눈에 띄는 성장과 진전을 경험할 수 있다. 마이크로 마스터리는 한마디로 린 러닝 속의 린 러닝이다.

그렇다면 이 원칙을 어디에 적용해야 할까? 여러분이 지금 당장 실행할 수 있는 몇 가지 단계는 다음과 같다.

1. 잘게 나누고 또다시 나눠라. 개선하고 싶은 기술, 행동, 목표를 최대한 잘게 쪼개라. 목표 달성에 꼭 필요한 가장 작은 단위의 마이크로 기술까지 세분화하는 것이 핵심이다.

작은 변화를 차근차근 쌓아가면
성장은 한층 다루기 쉬워지고
우리를 압도하지도 않는다.

2. 우선순위를 정하라. 세분화를 끝냈다면 이제 어떤 부분부터 시작할지, 그다음에는 무엇을 시도할지를 순서대로 정해야 한다. 어떤 기술이 가장 큰 효과를 낼 수 있는지, 당장 가장 쉽게 실행할 수 있는 것은 무엇인지 고려하라. 그리고 하나를 선택하라.

3. 명확한 목표를 세워라. 다음에 개선하고자 하는 마이크로 기술에 대해 구체적이고 측정 가능한 목표를 정하라. 그래야만 진척 상황을 추적하고 동기를 유지할 수 있다. 또한 얼마 동안 그 마이크로 기술에 집중할 것인지 분명히 정해두어야 한다.

4. 적시 정보를 수집하라. 실제로 행동을 시작하기 전에 최상의 결과를 내기 위해 필요한 자료와 자원을 찾아라. 경험 많은 선배들의 조언이든 최신 자료든 상관없다. 필요한 것을 확보하고 바로 적용할 준비를 하라.

5. 실행하라. 이제 필요한 정보를 갖췄다면 그 마이크로 기술을 실제로 실행해보라. 반복할 때마다 개선의 여지가 열리고 그런 반복이 쌓여야 실력이 된다. 시도하고, 최선을 다하고, 멈추지 말고, 계속 이어가라.

6. 인내하라. 마이크로 마스터리는 단거리 경주가 아니라 장기 전략이다. 눈에 띄는 결과가 나타나기까지는 꾸준한 시간과 노력이 필요하다. 조급해하지 말고 과정을 믿어라. '카우치 서핑 오리'도 처음부터 성과를 본 것이 아니었다. 하지만 시간이 흐르며 기술이 차곡차곡 쌓였고, 창작물은 기하급수적으로 성장했다.

7. 성과를 인정하라. 아주 작은 성과라도 인정하고 의미 있게 받아들여라. 그것이 더 큰 목표로 나아가는 한 걸음이다. 동기와 의욕을 유지하기 위해 반드시 필요하다. 진도가 느리게 느껴질 때조차 긍정적인 태도를 지킬 수 있는 비결이기도 하다.

8. 다음 기술을 선택하라. 그리고 이 과정을 다시 반복하라. 한 과정 속의 여러 부분에 이 방법을 적용할수록 파급력이 커진다. 결국 이 꾸준한 반복이 놀라운 성과를 만들어낸다.

어떤 기술이든 습관이든 목표든 가장 작고 감당할 만한 단위로 나누고 꾸준한 개선에 집중하라. 그 과정이야말로 여러분의 잠재력을 끝까지 끌어내고, 원하는 성취를 이루게 해줄 열쇠다.

퀀텀 리프:
정체된 성장을 가속하는 '올인'의 순간

작은 개선들이 차곡차곡 쌓이면 결국 삶을 바꾸는 결과로 이어진다. 하지만 성장의 궤도를 가속하는 또 다른 길이 있다. 바로 퀀텀 리프Quantum Leap다.

'퀀텀 리프'라는 개념은 본래 양자역학에서 나온 것이다. 전자가 한 에너지 준위에서 다른 에너지 준위로 갑자기 도약하는 현상을 가리킨다. 하지만 개인적 혹은 직업적 성장에서 퀀텀 리프란 극적인 변화를 통해 단기간에 성과를 끌어올리고 업적을 새롭게 변모시키는 도약을 뜻한다.

마이크로 마스터리가 차분하고 점진적인 성장을 목표로 한다면 퀀텀 리프는 큰 보상을 약속하는 결정적 순간을 붙잡고 과감한 변화를 수용하는 것이다. 계산된 위험을 감수하고 익숙한 영역을 넘어서는 것이 퀀텀 리프다. 배우 레지나 킹Regina King의 말처럼 "안전지대야말로 꿈이 죽는 곳"이기 때문이다.

퀀텀 리프에는 두 가지 유형이 있다. 하나는 거의 되돌릴 수 없는 영구적인 결정을 요구하고, 다른 하나는 비교적 임시적인 선택에 가깝다. 그러나 두 경우 모두 공통으로 필요한 것은 익숙한 것을 뒤로하고 낯선 영역으로 나아가려는 용기다.

예를 들어보자. 내 친구 네이선 배리Nathan Barry가 커리어에서 중요한 갈림길에 섰을 때 어떻게 퀀텀 리프를 보여주었는지 한 번 살펴보자.

중단할 것인가, 밀어붙일 것인가?

2012년 네이선 배리는 디자이너이자 저자로서 이미 성공 가도를 달리고 있었다. 그가 만든 디지털 제품이 온라인에서 50만 달러가 넘는 매출을 기록했던 것이다. 그는 더 크게 확장해서 더 많은 수익을 내고자 했지만 그만 큰 걸림돌에 부딪히고 말았다. 그가 사용하던 이메일 툴이 그가 원하는 판매 방식에 전혀 최적화되어 있지 않았던 것이다.

네이선은 직접 더 나은 툴을 설계하고 개발했다. 나중에 컨버트킷ConvertKit이라 이름 붙인 이 도구는 원래 네이선이 자신의 문제를 해결하기 위해 만든 것이었다. 하지만 그는 자신과 같은 크리에이터라면 누구에게나 컨버트킷이 도움이 되리라고 생각했다. 온라인 마케팅 업계를 뒤흔들 완전히 새로운 도구였다.

하지만 네이선의 개인적 성공에도 불구하고, 컨버트킷은 좀처럼 뿌리내리지 못했다.

창업 2년이 지나도록 회사 매출은 월 1200~1300달러 수준에 머물렀고, 고객들은 하나둘씩 구독을 취소하기 시작했다. 온라인 마케팅 시장은 당시에도 그랬고 지금도 여전히 치열한 경쟁의 장이다. 하지만 네이선은 다른 서비스들이 자신 같은 블로거가 온라인 비즈니스를 운영할 때 꼭 필요로 하는 기능을 제대로 제공하지 못한다는 걸 잘 알고 있었다. 이 정체 상태에서 그는 중요한 결정을 내려야 했다. 계속 밀고 나갈 것인가, 아니면 아예 접을 것인가.

네이선의 마음 한구석에는 자신의 컨버트킷과 그 비전에 대한 강한 확신이 있었다. 하지만 셀프 퍼블리싱(작가가 출판사 없이 스스로 책을 출간하는 것—옮긴이) 사업이 매년 안정적인 수익을 가져다주는 것을 보면서 그의 마음은 흔들렸다.

그러던 어느 날 저녁, 한 콘퍼런스에서 저녁 식사를 마친 뒤 네이선은 인생을 바꿔놓을 대화를 나누게 된다. 대화 상대는 KISS메트릭스KISSmetrics와 크레이지 에그Crazy Egg의 창업자이자 그의 친구인 히텐 샤Hiten Shah였다. 히텐은 네이선의 의구심을 확실히 짚어주었다.

"네이선, 있잖아." 히텐이 말했다. "차라리 컨버트킷을 접는 게 나을 거야."

히텐은 경험 많은 창업자이자 개발자로서 지금 상태로는 이 회사가 결국 무너질 거라는 사실을 간파하고 있었다.

"지금 컨버트킷을 시작한 지 거의 2년이 됐잖아. 성장세도 없고, 오히려 줄어들고 있어. 이제는 접어야 해."

그때 히텐이 인도 한복판에서 멈춰 섰고, 네이선도 발걸음을 멈췄다.

"아니면······ 진지하게 임해보든가." 히텐이 말을 이었다. "시간과 돈 그리고 제대로 된 집중력을 쏟아서 진짜 회사로 키워보는 거

야. 지금은 여러 가지 일을 벌여놓은 상태라 에너지가 분산돼 있잖아. 그러니까 답은 둘 중 하나야. 접든가, 아니면 올인하든 가."

그 말은 네이선의 가슴에 깊이 꽂혔다. 흔히 말하듯이 "여기까지 오게 해준 방식이 앞으로도 통하리라는 보장은 없다." 컨버트킷에 올인하겠다는 결정은 네이선에게 대담하고도 두려운 선택이었다. 아내와 어린 두 아이가 있는 상황에서 안정적인 출판 사업을 내려놓고 작은 스타트업 하나에 전력을 쏟는 건 위험과 불확실성으로 가득한 길이었기 때문이다. 하지만 한 가지는 분명했다. 두 사업을 동시에 붙잡고 가는 건 장기적으로 불가능하다는 사실이었다.

네이선은 스스로에게 물었다. *'나는 이 일을 성공시킬 모든 기회를 다 줬던가?'* 솔직한 대답은 '아니오'였다. 시간을 두고, 계산된 위험을 감수하며, 여러 차례 대화를 이어간 끝에 그는 불확실성을 껴안기로 했다. 그리고 이 큰 결단이 자신과 가족 그리고 세상에 어떤 새로운 가능성을 열어줄지에 눈을 돌렸다.

다시 말해 네이선은 '올인'을 택했다. 연간 여섯 자리 수익을 안정적으로 내주던 셀프 퍼블리싱 사업을 과감히 접고, 은퇴자금에서 5만 달러를 꺼내 컨버트킷에 투입했다. 자신의 시간과 돈, 에너지를 모두 이 회사에 쏟아부으며, 이미 업계를 장악하고 있던 대기업들과 맞붙을 준비를 했던 것이다.

2014년 네이선이 내게 자문위원회 참여를 부탁하면서 나는 그를 알게 되었고, 이후 그의 변화를 가장 가까이에서 지켜볼 수 있었다. 말 그대로 롤러코스터 같은 여정이었기에 그 모든 결정의 순간들을 맨 앞자리에서 지켜보는 건 무척 흥미로운 경험이었다.

2015년 말 네이선 배리는 온전히 컨버트킷에 집중한 끝에 1200달러에 불과하던 월 매출을 9만 8000달러 이상으로 끌어올렸다. 현재 이 회사는 이름을 킷Kit으로 바꾸고 북미, 유럽, 아시아, 뉴질랜드 등의 49개 도시에서 74명의 팀원과 함께 성장하고 있다. 이제는 이메일 마케팅 업계에서 사실상 누구나 아는 이름이 되었고, 하루 매출만 10만 달러 이상이다.

여기서 얻을 교훈은 분명하다. 과감한 결단은 때로 상상을 뛰어넘는 결과를 가져온다. 네이선은 승부수를 던졌고, 자신이 가진 전부를 쏟아 최선의 패를 내밀었으며, 결국 그 선택은 큰 보상으로 돌아왔다.

그렇다면 여러분은 어떤가? 큰 꿈에 모든 것을 걸고 끝까지 밀어붙인다면, 여러분 앞에는 어떤 가능성이 열릴까?

전력을 다해야 할 순간: 파워 텐

퀀텀 리프가 크고 과감하며 용기 있는 결단을 요구한다고 해도 항상 '올인'할 필요는 없다. 내가 가르친 많은 학생도 성공 직전까지 가는 과정에서 비즈니스 모델 자체를 바꿀 필요는 없었다. 다만 잠깐 초점을 다른 곳으로 옮겨서 더 넓은 가능성을 볼 계기만 있으면 충분했다. 아마 여러분도 비슷한 상황일 것이다. 할 일이 산더미라서 너무 많은 것에 정신을 쏟다 보니, 정작 원하는 결과는 따라오지 않는 경우 말이다.

바로 이런 순간에 '파워 텐Power 10'을 써야 한다.

2002년 내가 UC버클리 2학년이었을 때였다. 룸메이트들이 나를 설득해 교내 조정팀에 들어가게 했다.

버클리 조정팀은 하버드, 프린스턴, 워싱턴, 예일과 어깨를 나란히 하는 강호였다. 다만 내가 들어간 건 헤비급 팀이 아니라 라이트급 팀이었다. 헤비급 팀은 올림픽 경력자까지 있을 정도로 말 그대로 살아 있는 바이킹 같았다(반면 나는 그저 애니메이션 〈드래곤 길들이기How to Train Your Dragon〉에 나오는 깡마른 소년 바이킹 같은 수준이었다).

어쨌든 나는 새로운 친구를 사귀고 운동도 제대로 해보겠다는 가벼운 마음으로 조정팀에 들어갔다. 하지만 시간이 지나면서 조정은 내 삶 자체가 되었다. 매주 평일 아침 5시 나는 동료들과 함께 샌프란시스코만을 가르며 노를 저었다. 수면 위로 해가 뜨는 가운데 노가 유리 같은 물을 깨뜨리고 나아가는 순간순간은 완벽하게 맞춰진 동작 덕분에 거의 최면 같은 장관을 만들어냈다. 정말 아름다웠다.

동시에 그것은 철저한 고통의 시간이기도 했다. 대학팀에서의 경험은 내가 나 자신을 밀어붙였던 모든 경험 가운데 가장 힘든 것에 속했다. 매일 이어지는 훈련은 내 몸을 한계까지 몰아

붙였다. 특히 테스트 날에는 훈련을 마치자마자 바로 바다에 구토하는 일도 많았다(상상만 해도 끔찍한 장면이겠지만, 실제로 흔한 일이었다).

그럼에도 우리는 이상하리만큼 계속해서 그 자리에 돌아왔다.

경기 날이 되면 아드레날린이 온몸을 휘감았다. 골든 베어Golden Bear(UC 버클리의 공식 마스코트로, 학생과 졸업생의 상징—옮긴이)의 자존심이 걸려 있는 만큼, 조정은 육체적인 싸움인 동시에 정신적인 싸움이었다. 이미 미친 듯이 빠른 속도로 노를 젓고 있는데도 다른 보트가 앞서가기 시작하면 더 빠르게 치고 나갈 힘이 필요했다.

그때 등장하는 게 바로 파워 텐이다.

보트 안에서 타수coxswain(조정 경기에서 노를 젓는 선수들을 지휘하는 사람—옮긴이), 즉 선수들에게 구령을 외치는 사람이 그 타이밍을 잡는다. 경기 도중 적절한 순간이 오면, 그는 이렇게 외치며 팀을 준비시킨다.

"좋아, 간다. 파워 텐 준비…… 3…… (스트로크)…… 2…… (스
트로크)…… 1…… (스트로크)…… 시작!"

그 신호가 떨어지면 배 안에 있는 나 같은 노잡이는 모두 연달
아 열 번의 스트로크(노를 당기는 동작―옮긴이)를 한다. 전력을
다해서. 분당 스트로크 수는 그대로지만, 각 스트로크에 실리는
힘은 기하급수적으로 커진다. 경쟁자를 따돌리기 위한 열 번의
강력한 스트로크.

육지에서 파워 텐을 지켜보는 사람은 보트가 물살을 가르는 순
간을 목격할 것이다. 마치 달궈진 칼이 버터를 가르는 것처럼
보트는 시원하게 물을 가른다. 장관이다.

하지만 그 보트 안에 있다면 느낌은 전혀 다르다. 파워 텐이 시
작되자마자 배가 날아오르는 듯한 속도감을 체감한다. 첫 스트
로크 이후 곧바로 흐름이 바뀌는 걸 몸으로 느끼게 된다. 이미
고통으로 한계에 다다랐다고 생각했는데, 도저히 더 낼 힘이
없다고 느꼈는데, 그 순간 이상하게도 다시 힘이 솟는다.

결국 파워 텐은 고작 열 번의 스트로크에 불과하다. 그래서 더

잘 먹히는 것이다. 누구든 열 번 더 저을 힘쯤은 찾아낼 수 있으니까. 파워 텐의 핵심이 바로 여기에 있다. 짧은 순간 에너지를 극대화해서 그 힘으로 한 단계 위로 도약하고 옆의 배들을 앞지르는 것.

이건 자발적 강제 장치와도 비슷하다. 평소라면 자신도 믿기 힘든 힘을 억지로라도 끌어내는 장치라는 점에서 말이다. 학습 여정에서 파워 텐은 짧지만 강렬한 폭발적인 노력을 뜻한다. 즉각적이고 의미 있는 변화를 일으켜서 단기간의 장벽을 뛰어넘거나 치열한 경쟁 상황에서 빠르게 앞서가기 위해 쓰인다.

그 효과는 언제나 눈에 띄고 즉각적이다. 어떤 프로젝트든 흐름을 바꿔놓을 만큼의 순간적인 결과를 만들어낸다. 이것은 꾸준한 성장과는 다르다. 아주 짧은 기회를 붙잡거나 도저히 넘을 수 없을 듯한 장애물을 단숨에 뛰어넘는 방식이다.

예를 들어보자. 여러분이 헬스장에서 혼자 운동하며 체력을 기른다고 하자. 이때 자발적 강제 장치는 주 3회짜리 피트니스 수업에 등록하는 것이다. 그 순간부터 일정과 강사, 그리고 결석 시의 불이익 등이 여러분의 삶에 구조적으로 자리 잡는다. 도

망가기 어렵다. 여러분의 루틴에 강제로 끼워 넣어, 꾸준히 자신을 한계 밖으로 밀어붙이는 것이다. 그렇게 쌓이는 헌신과 노력은 결국 근력과 지구력을 점진적으로 키워준다.

러닝머신에서 30분 달리기를 마무리할 때 마지막 1분 동안 전력 질주를 한다고 상상해보라. 그것이 바로 파워 텐이다. 짧지만 강렬한 폭발력으로 한계를 시험하고 퍼포먼스를 끌어올리지만, 오래 지속되지는 않는다. *이런 날카롭고 집중된 힘은 장기적인 변화를 만드는 게 아니라 고도의 에너지가 응축된 순간 안에서 내가 어디까지 도달할 수 있는지를 증명해준다.* 짜릿하고, 도전적이며, 엄청난 성취감을 안겨주지만 결국에는 순간적인 추진력일 뿐, 장기 전략은 아니다.

바로 이것이 차이다.

두 전략 모두 성장을 이끌지만, 목적이 다르고 적용되는 상황도 다르다. 자발적 강제 장치는 체계적인 성장을 도와주는 반면, 파워 텐은 눈앞의 장벽을 단번에 뛰어넘을 수 있는 즉각적이고 강렬한 힘을 제공한다.

이제 다시 조정 이야기로 돌아가 보자.

경기 중에는 언제든 파워 텐을 쓸 수 있다. 하지만 자주 사용하면 팀은 더 빨리 지치게 된다. 노를 젓는 사람들의 체력과 정신력은 함께 관리되어야 한다. 너무 오래, 너무 강하게 밀어붙이면 모두가 탈진하고 만다. 반대로 충분히 밀어붙이지 않으면 패배한다. 학습과 기술 습득도 마찬가지다. 다음 전환점을 향해 나아가려면 때로는 추가적인 에너지와 동기를 짜내야 하지만, 언제 어떻게 전력 질주할지를 현명하게 선택해야 최고의 결과를 얻을 수 있다. 그리고 조정에서처럼, 늘 힘을 아껴 천천히만 간다면 결코 잠재력에 다다를 수 없다. 파워 텐을 제대로 활용하려면 연습이 필요하다.

파워 텐의 적용

우리 모두 결국에는 인생의 일정한 리듬에 빠져들곤 한다. 마치 보트에서 같은 박자에 맞춰 노를 저어 앞으로 나아가는 것처럼 말이다. "노 저어라, 노 저어라, 인생은 꿈일 뿐Merrily, merrily, merrily, merrily Life is but a dream"이라는 동요 가사처럼. 하지만 우리의 목표와 야망은 단순한 꿈으로만 남을 필요가 없다. 현실이 될 수 있다. 그리고 그 현실을 앞당기는 훌륭한 전략이 바로 파워 텐이다.

짧지만 집중적이고 폭발적인 노력은 한 사람의 성장을 극적으로 가속할 수 있다. 특히 제자리걸음하는 것 같거나 돌파구를 눈앞에 두고도 마지막 한 걸음을 내딛지 못하는 순간에 이 원칙은 강력하다. 이 전략은 가장 큰 결과를 가져올 핵심 과제에 에너지와 자원을 집중시킨다.

다시 말하지만, 파워 텐은 신중하고 계산적으로 써야 한다. 제대로만 활용한다면 파워 텐은 강력한 도구가 되어준다.

코딩의 세계에서 파워 텐은 '해커톤hackathon'이라고 불린다. 해커톤이란 24시간에서 48시간 동안 개발자들이 모여, 완전히 새로운 소프트웨어 솔루션을 만들어내는 것이다. 참가자들은 밤새 몰입해 협업하고, 혁신을 시도하며, 버그를 잡고, 마지막에는 실제로 작동하는 결과물을 시연한다. 이런 짧고 강렬한 스프린트는 기술적 돌파구를 만들어내고, 스타트업 아이디어를 탄생시키며, 때로는 미래의 동료나 공동 창업자를 만나게도 한다.

해커톤은 제한된 시간 속에서 창의성과 생산성을 극대화하도록 팀을 몰아붙여, 집중과 노력이 최고조에 달했을 때 무엇이 가능한지를 보여준다. 해커톤은 사람들을 몰입 상태로 끌어올려, 불가능해 보이던 일조차 예상보다 짧은 시간 안에 해내게 한다.

작가들도 일종의 파워 텐을 실행한다. 바로 집필 리트릿writing retreat이다. 몇 주, 길게는 몇 달 동안 오두막이나 시골 별장에 틀어박혀서 집필에 대부분의 시간과 에너지를 쏟아붓는 것이다. 방해받지 않는 이 집중의 기간은 작가가 책 속으로 깊이 몰입해 전례 없는 창작의 성과를 낼 수 있는 토대를 마련해준다.

일화에 따르면, 잭 케루악은 주말 동안에《길 위에서》를 써냈다고 한다. 물론 그 과정에는 꽤 많은 불법적인 약물이 개입되었을 가능성이 크지만, 결과만큼은 부정할 수 없다. 그러니, 뭐……케루악의 방식을 그대로 따라 하지 않는 편이 좋을 것이다. 하지만 중요한 건 인간은 마음만 먹으면 짧은 시간 안에도 믿기 힘든 성과를 낼 수 있다는 사실이다.

예를 들어, 지금 여러분이 읽고 있는 이 책도 파워 텐을 통해 완성되었다. 몇 달씩 외딴 오두막으로 떠나는 건 내게 불가능했다. 가족과 책임을 그렇게 오래 내려놓을 수는 없었다. 물론 어떠한 환각제도 개입되지 않았다(커피는 엄청나게 마셨다). 그럼에도 나는 집중력을 극대화할 방법을 찾아내어 상당한 진전을 끌어낼 수 있었다.

방법은 이랬다. 몇 달 동안 매일 원고를 조금씩 붙잡고 씨름했지만 큰 진전이 없었기에 아예 2주를 통째로 떼어내서 책을 내 인생 최우선 순위에 올려놓았다. 그 기간에는 다른 프로젝트를 전부 멈추고, 가족에게도 왜 수영장에 함께 갈 수 없는지를 미리 설명해두었다. 집 안이 고요한 새벽에 누구보다 먼저 일어나 집필을 시작했고 온전히 글쓰기에만 몰입했다.

짧은 기간의 희생이 큰 도약으로 이어졌다. 이렇게 강도 높은 집중을 프로젝트에 쏟아부은 덕분에 내 저서를 빠르게 개정할 수 있었다. 일상 속의 빈틈에 글쓰기를 억지로 끼워 넣었더라면 시간이 몇 배는 더 걸렸을 것이다. 지금 여러분이 직면한 그 어떤 난관에도 이 원리를 그대로 적용할 수 있다.

심지어 집에서도 아내와 나는 파워 텐의 원리를 활용한다. 매년 새 학기를 앞둔 여름이면 아내가 '정리 주간'을 선언한다. 아이들을 포함한 가족 모두가 입지 않는 옷과 쓰지 않는 물건을 꺼내 정리하고 기부한다. 이렇게 해서 새 학기를 맞이할 때는 집이 산뜻하게 비워진다. 사실 나와 아이들은 집을 깨끗이 유지하는 데는 별로 소질이 없지만 아내는 짧고 강렬하고 집중적으로 밀어붙이면 훨씬 큰 성과를 낼 수 있다는 사실을 깨달았다. 정말 현명한 사람이다.

어떤 상황에서든 파워 텐은 프로젝트의 속도를 단번에 끌어올려준다. 파워 텐에 끝이 있다는 사실이 오히려 더욱 강하게 밀어붙일 힘을 준다. 여러분도 파워 텐을 적극적으로 활용해보길 권한다.

파워 텐 실천법

짧고 강렬한 집중의 힘을 제대로 활용하려면 먼저 여러분의 사업상 목표나 개인적 목표 중에서 당장 빠르고 효과적인 추진력이 필요한 단 하나의 영역을 찾아야 한다. 오래 미뤄온 프로젝트일 수도 있고, 임박한 마감에 맞추기 위해 빨리 보완해야 할 기술일 수도 있다. 그 지점을 정확히 짚어낸 뒤, 아래의 파워POWER 원리를 통해 나만의 파워 텐을 설계해보자.

1. 목표를 구체적으로 계획하기 (P)lan your goals

조정 경기에서 타수가 파워 텐을 외치는 순간을 결정하듯이 여러분도 이번 집중 기간에 무엇을 반드시 성취할지 분명히 정해야 한다. 프로젝트를 완수하는 것, 잠재 고객에게 연락하는 것, 새로운 생산성 도구를 익히는 것 등 무엇이든 좋다.

2. 시간과 자원 정리하기 (O)rganize time and resources

집중적으로 투입할 시간을 미리 정해둔다. 예를 들어 열흘간 강도 높은 작업을 하거나 며칠간 총 10시간을 확보하는 식이다. 그리고 필요한 도구와 자료를 모두 준비한다. 이 단계에는 일정표를 차단해두고, 알림을 꺼두고, 필요하다면 외부의 도움이나 협업을 미리 요청해둔다.

3. 강도 높게 실행하기 (W)ork intensely

파워 텐 기간을 정했다면 오롯이 집중해서 밀도 있게 실행한다. 시간을 늘릴 것이 아니라 주어진 시간 안에 몰입도를 극대화하고 성과를 끌어올리는 게 핵심이다. 마치 조정 경기에서 노를 젓는 매 순간이 목표에 한 뼘 더 다가가는 동작이 되듯이 각

과제에 최선을 다하라.

4. 진행 상황 평가하기 (E)valuate your progress

실행하는 동안 실시간으로 진척도를 점검하고, 필요하면 전략을 조정한다. 이 과정은 동력을 유지하고, 모든 노력이 최대의 효과를 내게 하는 데 필수적이다.

5. 회복하고 성찰하기 (R)ecover and reflect

파워 텐을 마친 뒤에는 잠시 숨을 고르고 결과를 되돌아본다. 마치 경주를 마친 조정 선수들이 몸을 식히듯이 이번 경험에서 무엇이 잘 작동했는지, 무엇이 부족했는지, 다음에는 어떻게 개선할 수 있을지를 돌아보라. 이 단계야말로 경험에서 배우고 다음 단계를 준비하는 핵심 과정이다.

일상에 파워 텐을 끌어들이면 일하고 살아가는 방식 자체가 달라진다. 늘 고강도로 몰아붙이라는 얘기가 아니다. 그러다가는 번아웃이 올 뿐이다. 중요한 건 언제 에너지를 집중적으로 투입해야 할지 아는 것이다. 그 한순간의 폭발력이 우리를 앞으로 밀어주는 원동력이 된다. 이 방법은 정체기를 돌파하게 하고 중요한 이정표를 달성하게 만든다. 그래서 목표를 향한 여정이 단순히 성공적일 뿐만 아니라 짜릿하게 느껴지게 한다.

안전지대 밖으로 기꺼이 뛰어들어라

과감한 선택이란 무모하게 뛰어드는 것과 다르다. 현재 상황을 냉정하게 평가하고, 변화를 만들어낼 기회를 포착하고, 불확실함과 불편함을 감수한 채 그 길을 선택할 용기를 내는 것이다.

혹시 이렇게 생각할지도 모른다. '하지만 내 목표는 그렇게 거창하지 않아요, 팻. 난 세상을 바꾸는 게 아니라 그냥 새로운 기술을 배우거나 내 일을 더 잘하고 싶을 뿐이에요. 타임머신을 발명하려는 것도 아니고요.' 괜찮다. 모든 여정이 수백억짜리 회사를 세우거나 사회운동을 이끌 정도의 과감함을 요구하는 건 아니니까. 하지만 작아 보이는 기술 습득이나 개인적 목표를 추구할 때도 단 한 번의 과감한 선택이 모든 걸 바꿔놓는 순간이 있다.

가령 노래를 배우고 싶다면 두렵더라도 오픈 마이크 무대open mic night(아마추어들이 무대에 올라가 노래 등을 선보이는 공연—옮긴이)를 신청하는 게 도움이 될 수 있다. 신참 영상 편집자가 소규모 프로젝트로 실력을 다져왔다면 이름난 유튜버나 브랜드에 직접 연락해 자신의 편집 서비스를 제안해보는 건 어떨까?

2014년 뉴욕 출신의 영상 작가 지망생이었던 데이비드 록David Rock이 그렇게 했다. 그는 베스트셀러 저자이자 기업가인 게리 베이너척Gary Vaynerchuk에게 "당신의 전속 카메라맨이 되고 싶다"고 제안했다. 이후 그는 디록DRock이라는 이름으로 무려 9년 넘게 게리와 함께했다. 무모할 수도 있는 제안이었지만, 결과는 대성공이었다.

과감한 선택이 인생을 송두리째 바꾸는 거대한 결정일 필요는 없다. 그저 지금의 한계를 뛰어넘어 새로운 성장을 요구하고 배움과 영향력의 기회를 열어주는 모든 행동이 곧 과감한 선택이다.

크고 작든 이런 선택을 습관으로 만들어가야만 삶과 일에서 진정한 숙련과 만족을 얻을 수 있다. **결국 성장은 편안함과 공존하지 않는다.** 계속 나아가면서 더 높은 수준의 기술과 영향력을 얻고 싶다면 안락한 경계를 벗어나 새로운 도전에 기꺼이 뛰어들어야 한다.

여러분의 여정을 돌아보며 스스로에게 물어보라.

1. 과감한 선택이 나를 어디로 데려다줄까?
2. 안전한 곳에만 머무느라 놓치고 있는 성장과 영향력의 기회는 무엇일까?
3. 현재의 한계를 넘어서기 위해 오늘 당장 할 수 있는 작지만 용기 있는 행동은 무엇일까?

용감하다는 것은 무모하거나 두려움 없는 상태를 의미하지 않는다. 오히려 알 수 없는 상황과 두려움 앞에서도 행동할 용기를 갖는 것이다. 어떤 도전과 기회가 닥치든 감당할 수 있다는 믿음을 가지는 것이며, 길이 불분명할 때조차도 자신의 비전에 헌신하는 것이다.

여러분의 다음 선택은 수업 시간에 단순히 손을 드는 것만큼 소소할 수도 있고, 화성을 개척하겠다는 거창한 계획만큼 거대할 수도 있다. 어떤 경우든 이 장에서 다룬 원칙과 전략이 그 과정을 더 분명하게, 더 자신감 있게, 그리고 더 흔들림 없이 헤쳐나가도록 도와줄 것이다.

결국 과감한 선택을 한다는 건 그 여정을 기꺼이 받아들여 행동으로 옮긴다는 뜻이다. 완벽주의를 내려놓고, 실패를 배움의 기회로 삼으며, 변화 속에서 스스로 적응하고 성장할 수 있다는 믿음을 갖는 것이다. 무엇보다도 용기가 중요하다. **익숙한 것을 놓아버릴 용기, 자신의 비전과 능력을 신뢰할 용기, 그리고 두려움과 의심 속에서도 한 발 내디딜 용기.**

다음에 맞이할 과감한 선택 앞에서 기억하자. 앞으로의 길이 쉽지만은 않겠지만, 그 속에는 성장과 배움 그리고 의미 있는 영향력을 발휘할 기회가 가득하다는 것을. 자신의 가치를 지키고, 새로운 가능성에 마음을 열며, 회복탄력성과 유연함으로 여정을 받아들인다면 누구나 놀라운 성과를 이루고 목적과 성취로 가득한 삶을 만들 수 있다.

그러니 깊게 숨을 들이쉬고, 자신을 믿고, 용기 있게 그다음 발걸음을 내디뎌라. 세상은 여러분이 흔적을 남기기를 기다린다.

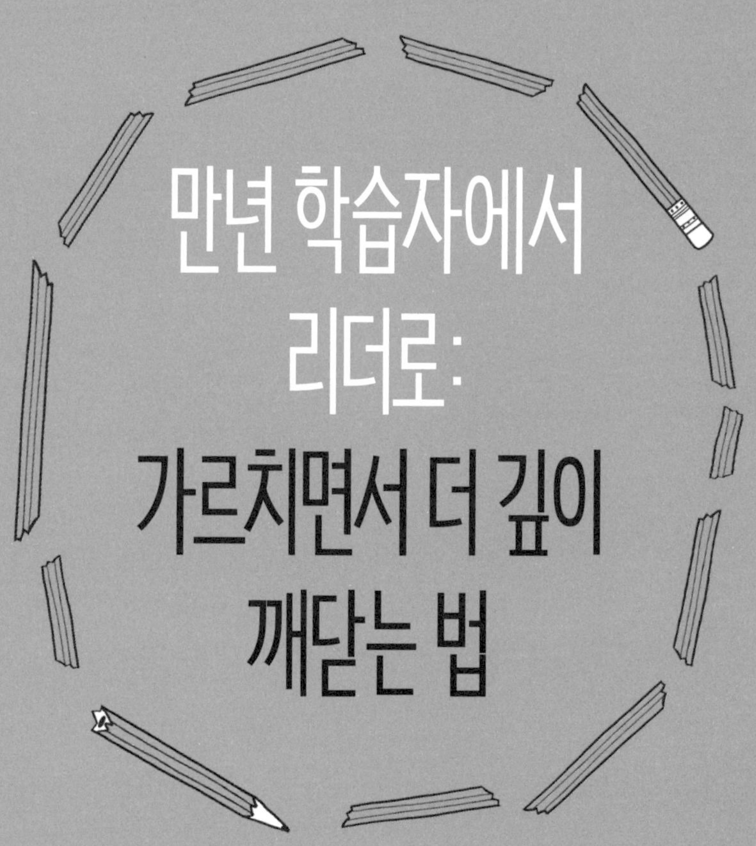

만년 학습자에서 리더로:

가르치면서 더 깊이 깨닫는 법

무언가를 마스터하고 싶다면, 그것을
가르쳐라.

리처드 파인만
Richard Feynman

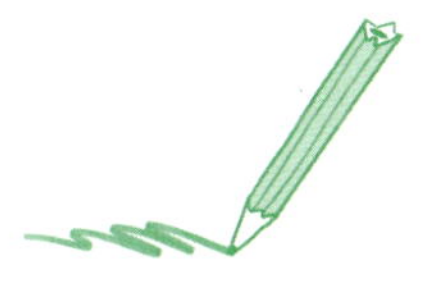

한창 건축사무소에 다닐 때 나는 도면을 완성하느라 늦은 밤까지 작업을 이어가곤 했다. 다음 날 아침 프로젝트 매니저에게 제출하기 위해서였다. 완성된 도면을 건네면 그는 검토를 하고는 괜찮다는 판단이 들면 "수고했어"라고 한마디를 남겼다. 그러면 나는 곧바로 다음 업무로 넘어갔다.

만약 수정이 필요하다면 최대한 빨리 고쳐 다시 제출했다. 그 관계는 철저히 거래처럼 느껴졌다. 그럼에도 나는 그 일을 즐겼고, 또 제법 잘해냈다. 더 많이 배우고 싶다는 열의도 컸다. 그러나 해고 통보를 받는 순간 내 모든 꿈은 산산이 부서진 듯했다.

아니, 적어도 그때는 그렇게 믿었다.

놀라운 사실은 내가 그 사무소에서 일하며 남긴 '지문' 같은 흔적이 지금도 미국 전역에 흩어져 있는 건물 100여 채에 새겨져 있다는 점이다. 어떤 건물에는 전체 설계를 담당했고, 어떤 경우에는 작은 부분에만 손을 보탰다. 크든 작든 나의 흔적은 여전히 남아 있다. 물론 그 사실을 아는 사람은 아무도 없지만.

하와이 와이키키에 있는 '피에프창P.F. Chang's' 레스토랑만큼은 예외다. 나는 가족과 함께 그 근처를 지나갈 때마다 꼭 말한다. "저건 내가 참여했던 프로젝트야." 그러면 아이들은 늘 시선을 다른 데로 돌린다. 내가 매번 'P.F.'는 사실 팻 플린의 약자라고 우기기 때문이다.

새로운 삶을 개척하고 온라인 비즈니스에서 영감을 얻은 뒤, (처음에는 LEED 시험 합격 전략을, 그다음에는 인터넷 기반 회사를 세우는 전 과정을) 다른 사람들을 가르치는 법을 배우면서 내 일은 더 이상 단순한 결과물 교환에 그치지 않게 되었다. 지금 이 일은 내 인생을 바꾸는 힘이자 나에게 큰 의미를 갖는다. 우리 집 서재의 컴퓨터 한 대로 전 세계 사람들에게 가르침을 전할 수 있다는 사실은 여전히 놀랍고 깊은 울림을 준다. 더 나아가 이제는 이 효과를 키워주는 커뮤니티에 집중하게 되었다. 서로를 북돋고 영감을 주는 사람들이 모여서 개별적인 성공담을 집단적 힘으로 바꾸어 선한 영향력을 퍼뜨리는 것이다.

LEED 시험 대비 가이드를 출간하고 몇 주 만에 합격 소식을 전하는 이메일과 편지가 도착하기 시작했다. 어떤 편지에는 장문의 사연이 담겨 있었다. 시험에 합격한 덕분에 승진이나 연봉 인상 같은 기회를 얻었다는 이야기, 심지어 가족이 어려운 시기를 버텨낼 수 있었다는 고백도 있었다. 그렇게 직접 감사 인사를 받는 것은 낯설면서도 벅찬 경험이었다. 회사에 다닐 때는 결코 받아본 적이 없는 찬사였기 때문이다.

나는 사람들이 매일 드나드는 건물, 어떤 사람들에게는 삶의 보금자리인 집을 설계했다. 그러나 그들은 내가 그 이야기의 한 부분이었음을 알지 못한다. 반면, 작은 인터넷 공간이나 동네 또는 가정 안에서는 누군가를 가르침으로써 그의 삶에 즉각적인 영향을 줄 수 있다. 그리고 그 대가로 단순한 감사 인사를 받는 것에 그치지 않는다. 가르치는 과정에서 우리도 함께 성장한다. 누군가를 가르칠 때 그도 우리를 가르칠 수 있기 때문이다.

배운 것을 굳건히 다지고 궁극적으로 숙련의 단계에 오르기 위한 린 러닝의 마지막 단계는 지식을 나누는 것이다. 흔히 말하듯 "가장 좋은 배움은 가르침 속에 있다." *다른 사람을 가르치다 보면 자신의 이해를 더욱 깊게 다지고 복잡한 개념을 더 쉽게 풀어내야 한다는 동력이 생긴다.* 그 동력 덕분에 결국 더 깊은 지식과 통찰을 얻게 된다.

이 책 자체가 가르침의 힘을 보여주는 대표적인 사례다. 집필 과정은 내가 직접 살아내고 실천해온 개념들을 더 철저하고 의식적으로 끌어내고 정리하게 만들었다. 이 지식을 나누겠다고 결심한 덕분에 나는 린 러닝의 구조를 더 깊이 이해하게 되었다. 또한 이전에는 미처 보지 못했던 새로운 연결과 통찰도 발견할 수 있었다.

다른 사람을 가르치는 일은 개인적, 직업적 성장을 위한 무궁무진한 기회를 열어준다. 자신을 해당 분야의 영향력 있는 전문가로 자리매김하게 하고, 다른 사람들의 삶에 긍정적인 영향을 미칠 수 있게 한다. 지식을 나눈다는 것은 단순한 전달을 넘어 의미 있는 관계를 만든다는 뜻이다. 여러분이 가르치는 학생에서부터 협력하는 동료에 이르기까지, 많은 사람이 여러분과 평생을 함께할 인연이 될 수 있다.

지식이 공유되는 순간 파급효과가 생긴다. 그 영향은 주변을 넘어 멀리멀리 퍼져나가고, 내 생각에 이것이야말로 지금 세상에 가장 필요한 것이다. 모두가 나누면 모두가 이긴다.

이번 장에서는 여러분 스스로 린 러닝 커뮤니티를 구축할 수 있는 다양한 방법들을 살펴본다. 이를 통해 여러분은 자신이 알고 있는 것을 드러내는 동시에 더 많은 것을 배우게 될 것이다. 각각의 접근 방식이 지니는 장점, 구체적인 실행 전략, 그리고 실제 사례를 통해 어떻게 이 방법을 통해 학습 속도를 높이고, 경력을 발전시키며, 다른 사람들에게 가치를 창출할 수 있는지를 생생히 확인해볼 것이다.

지식의 선순환을 만드는 5가지 실천 루트

가르치는 일은 자신의 학습을 공고히 하고 전문성을 깊게 다지는 가장 효과적인 방법 가운데 하나다. 다른 사람을 가르칠 때는 복잡한 개념을 더 소화하기 쉬운 단위로 쪼개야 하고, 자신의 이해가 부족한 부분이 어디인지 알아야 하며, 생각을 효과적으로 전달할 새로운 방식을 찾아야 한다. 이런 정리와 전달의 과정을 거치면서 주제를 더 폭넓게 이해하게 되고, 새로운 통찰과 연결점도 발견할 수 있다.

첫 번째 학습 가이드를 집필하고 '스마트 패시브 인컴 블로그The Smart Passive Income Blog'를 시작한 뒤, 나는 작은 PDF 가이드를 하나 만들었다. 바로 《이북 더 스마트 웨이eBooks the Smart Way》였다. 자신의 전문 지식을 어떻게 전자책으로 구조화하고 출간할 수 있는지 단계별로 설명한 지침서였다. 누구든 이 안내서대로만 하면 자신의 전문 지식을 이북 형식으로 만들어 이메일 구독자를 모을 수도 있고, 나처럼 웹사이트에서 직접 판매할 수도 있었다.

가이드를 만드는 과정에서 나는 자연스럽게 집필 과정을 더 간소화할 수 있는 체계적인 접근법을 마련하게 되었다. 그 덕분에 더 많은 책을 더 빠르게 출간할 수 있었고, 이는 더 많은 이메일 구독자와 더 많은 판매로 이어졌다. 무엇보다 청중을 가르칠 방법을 고민하는 과정에서 나 자신도 훨씬 더 많은 것을 배우게 되었다.

독자들의 후속 질문은 내 학습 방향을 더욱 또렷하게 잡아주었다. 예를 들어,《이북 더 스마트 웨이》를 공유한 뒤에는 "이북을 2단 편집으로 제작할 수 있나요?", "컴퓨터에서 읽을 때 가장 적합한 글꼴 크기는 얼마인가요?" 같은 질문이 쏟아졌다. 그 질문들 덕분에 나는 새로운 연구를 하게 되었고, 내게도 꼭 필요한 답을 얻게 되었다. 그 답을 이북에 업데이트하는 일은 아주 쉬웠다.

가이드를 끝까지 읽고 직접 전자책을 만든 독자들은 다시 돌아와서 "이메일 리스트는 어떻게 구축하나요?", "책 표지는 어떻게 디자인하나요?", "내 책을 아마존에 올리려면 어떻게 해야 하나요?" 같은 질문들을 던졌다. 이렇게 독자들이 모아준 질문 덕분에 나의 개인적인 학습 여정은 훨씬 더 깊고 넓게 확장되었다.

다른 사람들의 각기 다른 도전과 관점을 접하면 우리는 자연스럽게 자신의 전제를 더욱 비판적으로 살펴보게 되고 지금껏 보지 못했던 사각지대를 발견하게 된다. 또한 흔히 마주치는 장애물을 예측하고 더욱 정교하게 문제 해결에 나설 방법도 터득하게 된다. 이렇게 교사와 학습자 사이에서 끊임없이 오가는 피드백은 모두에게 이로운 역동적인 학습 환경을 만들어낸다.

그렇다면 어떻게 다른 사람들을 가르치고, 그 과정에서 이런 혜택을 누릴 수 있을까? 내가 활용했던 몇 가지 전략을 소개하겠다.

1. 워크숍 열기

여러분이 이미 익힌 기술이나 주제를 골라서 체계적으로 정리한 워크숍이나 웨비나Webinar(온라인으로 진행되는 콘퍼런스나 세미나—옮긴이)를 통해 지식을 나눠라. 목표와 청중에 따라 한 번만 열 수도 있고, 시리즈로 이어갈 수도 있다. 이때 중요한 건 참여자를 몰입시키는 콘텐츠를 준비하고, 질의응답이나 그룹 실습 같은 상호적 요소를 포함시키며, 참가자들이 자신의 삶이나 일터에서 곧바로 적용할 수 있는 실질적인 배움을 제공하는 것이다.

2. 미니 코스나 튜토리얼 제작하기

특정 분야에서 좀 더 깊이 있는 학습 경험을 제공할 수 있는 전문 지식이 있다면 온라인 코스나 튜토리얼을 만들어보자. 유데미Udemy, 스킬셰어Skillshare, 티처블Teachable 같은 플랫폼(모두 대표적인 온라인 교육 플랫폼이다—옮긴이)을 활용하면 손쉽게 콘텐츠를 제작해 전 세계 수강생에게 전달할 수 있다. 과정을 여러 개의 모듈로 쪼개고, 영상·오디오·글을 적절히 섞어 구성하며, 학습자가 배운 내용을 바로 적용할 수 있도록 연습 문제와 과제를 주는 것이 좋다.

3. 블로그 기고

글쓰기를 좋아한다면 블로그를 운영하거나 관련 매체에 기고해도 좋다. 자신의 전문성과 맞닿은 주제를 선택하고, 독자에게 유용한 통찰과 실행 가능한 조언을 전달하라. 꾸준함이 핵심이다. 일정한 주기로 글을 올리고 소셜 미디어나 다른 채널을 통해 홍보하면서 독자층을 키워가야 한다.

4. 콘퍼런스나 이벤트에서 발표하기

지식과 경험을 공유할 기회를 찾아보자. 업계 콘퍼런스, 설명회, 온라인 이벤트 등 무대는 다양하다. 자신의 관점을 잘 드러내고 바로 활용 가능한 메시지를 담은 발표를 준비하라. 발표 전후 참석자와 적극적으로 교류해 관계를 맺고 네트워크를 확장하는 것도 중요하다.

5. 도움을 필요로 하는 친구나 동료 찾기

3장에서 이야기했듯이 우리에게는 챔피언이 필요하고, 그들 또한 우리를 필요로 한다. 주변에서 여러분이 지금까지 쌓아온 지식과 경험을 나눠줄 사람을 찾아라. 시간을 정해 줌Zoom으로 만나거나 직접 얼굴을 마주해도 좋다. 얼마나 깊이 들어갈지는 여러분에게 달려 있다. 가볍게 대화만 나눌 수도 있고, 내 비즈니스 파트너인 매트 가틀랜드Matt Gartland처럼 본격적으로 준비할 수도 있다. 재정 전문가인 그는 내가 재무 예측이나 운영 계약, 스톡옵션에 대해 물으면 언제나 파워포인트 자료를 만들어 와서 함께 이해를 넓힐 수 있도록 도와준다.

아이들에게도 가르쳐라. 물론 모두가 아이를 키우는 것은 아니고 아이들과 시간을 보내고 싶지 않은 사람도 있을 것이다. 하지만 그런 경우라 해도 내 얘기를 잠시 들어보길 바란다.

자신이 인생과 비즈니스에서 배운 개념을 아이들에게 설명할 때는 반드시 그들이 이해할 수 있을 만큼 단순한 형태로 풀어야 한다. 아이들이 어렸을 때도 그랬지만 10대에 가까워진 지금도 여전히 아이들에게 세상 경험이 적다는 사실을 종종 잊는다. 그래서 내가 말하는 방식이 그들의 마음에 가 닿아 오래 남아야 한다.

이 과정 자체가 훌륭한 훈련인 동시에 아이들과 유대감을 쌓고 내 일을 이해시킬 기회가 된다. 더 나아가 그들의 삶에서 오래도록 지켜가길 바라는 가치들을 심어줄 시간이기도 하다.

아이들은 누구나 그렇듯이 호기심이 많다. 그래서 그 호기심이 사라지기 전까지 최대한 활용해야 한다. 내 바람은 린 러닝의 가르침을 통해 우리 모두가 어린 시절처럼 다시 호기심을 품고 인간으로서 서로를 끌어올리는 삶을 이어가는 것이다.

아이들은 기회를 주기만 하면 훌륭한 선생님이 되기도 한다. 아이들이 아직 초등학생이던 시절, 나는 "오늘 하루 어땠어?" 혹은 "학교에서 뭐 했어?" 같은 질문 대신 이렇게 물었다. *"오늘 배운 것 중에 아빠(엄마)에게 가르쳐줄 수 있는 건 뭐야?"*

그러면 아이들은 단숨에 눈빛을 반짝이며, 입으로는 끊임없이 말을 쏟아냈다. 정말 멋진 순간이었다. 그리고 당연히 아이들은 가르칠 기회를 얻음으로써 자기 학습을 더욱 공고히 할 수 있었다.

'공개적으로 배우기'의 마법

다른 사람을 직접 가르치는 것 외에도 자신의 학습과 전문성을 보여줄 수 있는 강력한 방법이 있다. 바로 자신의 기술과 성과를 공개적으로 나누는 것이다. 이것은 결코 과시하기 위해서가 아니다. 자신이 이뤄낸 성취와 그 과정에서 얻은 교훈은 충분히 세상에 드러낼 가치가 있고 거기서 다른 사람들은 영감을 얻을 수 있기 때문이다.

비즈니스 코칭 회사인 '그로스 툴스Growth Tools'의 창립자 브라이언 해리스Bryan Harris는 이를 '공개적으로 배우기'라고 부른다. 정말 멋진 표현이다. 사실 초창기 블로그나 팟캐스트도 다 이런 방식이었다. 전문가라서가 아니라 배우는 과정을 기록하고 공유했기 때문에 더 잘 배울 수 있었다. 가르침은 더 나은 학습자가 되기 위한 최고의 비밀 무기다. 무엇을 가르치든 그만큼 더 잘 배우게 된다.

게다가 '공개적으로 배우기'에는 또 다른 이점이 있다. 자신의 작업을 드러내고 그 과정과 통찰을 다른 사람들과 나누면 그 자체로 신뢰와 전문성을 구축할 수 있다. 동시에 피드백, 협업, 성장의 기회도 열린다. 이런 투명성은 다른 사람들을 자연스럽게 과정 안으로 초대하고, 결국 더 빠른 성장을 돕는다.

공개적으로 일하기를 떠올리면 가장 먼저 아르비드 칼Arvid Kahl 이 생각난다. 아르비드는 성공한 개발자이자 엔지니어로서 자신의 작업 과정을 가감 없이 공개한다. 그가 개발 중인 애플리케이션은 Podscan.fm이다. 어떤 브랜드든 팟캐스트에서 이름이 언급될 때마다 알림을 보내주는 똑똑한 도구다.

아르비드는 이 소프트웨어를 만들어가는 모든 과정(잘되는 부분, 삐걱대는 부분, 심지어 보기 민망한 부분까지)을 실시간으로 생생하게 보여준다. 그의 청중은 그를 계속 일하게 만드는 책임감을 부여하는 동시에 그 여정을 함께 즐긴다. 월 순환 수익 500달러를 달성했다는 소식에 함께 기뻐하고, "오늘 하루 종일 수백

만 개의 다운로드와 전사 대기 중인 팟캐스트 에피소드를 정리
하느라 씨름했다. 아홉 시간 만에 드디어 모든 일을 끝냈다"라
는 게시물에 좌절의 순간도 함께 느낀다.

그가 문제를 풀어가는 모습을 보면서 우리도 배운다. 단순히
드라마나 영웅담을 구경하는 게 아니라 함께 그 여정에 참여하
는 셈이다. 최근 그는 또 다른 문제를 올렸다. "내 코드에서 메
모리 누수가 발생하는 것 같다……. 그런데 꼭 저녁에만. 매일
오후가 되면 php-fpm 풀이 불어나서 몇 분마다 재시작을 해
야 한다. 그런데 아침이 되면 잠잠하다. 트래픽 급증도 없고 처
리량도 동일하다. 자, 이제 디버깅 시작이다."

그리고 그의 청중인 개발자들이 곧바로 모여들어서 아주 구체
적인 인사이트로 문제 해결을 돕기 시작했다. 아르비드는 자
신의 과정, 도전, 성과를 투명하게 공개함으로써 신뢰와 신용
을 쌓을 뿐만 아니라 자신과 지켜보는 모든 사람에게 귀중한
학습과 성장의 기회를 만들어낸다. 이런 협업적 역동성은 그의
작업 완성도를 높여줄 뿐만 아니라 프로젝트에 대한 공동체적
투자와 유대감을 길러준다. 청중들은 이 프로젝트가 성공하길
원하고, 실제로 아르비드는 지금까지 좋은 성과를 내고 있다.

Podscan.fm은 꾸준히 성장해서 현재 1100만 건이 넘는 팟캐스트 에피소드를 데이터베이스에 보유하고 있다.

공개적으로 일하기는 아르비드에게 강력한 마케팅 전략이 되기도 한다. 그는 진행 상황을 꾸준히 공유하고 청중을 여정에 초대함으로써 Podscan.fm에 대한 자연스러운 기대감과 관심을 불러일으킨다. 이러한 진정성 있는 실시간 교류는 전통적인 마케팅 방식보다 훨씬 효과적이다. 잠재 사용자와 이해관계자들이 제품의 진화를 직접 지켜보면서 브랜드와 진정한 연결을 맺을 수 있기 때문이다.

아르비드가 보여주는 투명성과 협업에 대한 헌신은 공개적으로 일하기의 가치를 증명한다. 그는 자신의 지식, 경험, 성과를 있는 그대로 나눔으로써 자신의 학습과 성장을 가속할 뿐만 아니라 다른 개발자 커뮤니티 구성원들에게도 같은 길을 걸을 용기와 영감을 준다. 그의 방식은 공개적으로 일하기가 단순히 성공적인 제품이나 회사를 만드는 수단이 아니라 의미 있는 연결을 창조하고, 혁신을 이끌며, 자신이 속한 분야에 오래도록 영향을 남길 수 있는 강력한 방법임을 보여준다.

여러분의 역량을 보여주고 새로운 기회를 끌어들이는 몇 가지 방법은 다음과 같다.

1. 포트폴리오를 구축하라. 창의적이거나 기술적인 분야에서 일한다면 탄탄한 포트폴리오가 자신의 역량을 증명하고 새로운 고객이나 일자리를 얻는 데 필수적이다. 가장 자신 있는 작업을 정해서 웹사이트, 온라인 플랫폼, 혹은 실제 책의 형태로 매력 있게 정리하라. 단순히 결과물만 나열하는 대신 작업 과정을 보여주는 상세한 사례연구를 포함시켜라. 어떤 어려움에 맞닥뜨렸는지, 어떻게 해결했는지, 그리고 여러분의 작업이 어떤 실제적 영향을 만들어냈는지를 드러내는 것이 중요하다.

2. 소셜 미디어에 작업을 공유하라. 링크드인LinkedIn, 엑스X, 인스타그램 같은 소셜 미디어 플랫폼은 자신의 역량을 알리고 전문가 커뮤니티와 소통할 수 있는 강력한 도구다. 진행 중인 프로젝트에 대한 업데이트, 학습 여정에서 얻은 통찰, 완성된 작업 사례를 꾸준히 공유하라. 또한 같은 분야 사람들의 게시물에 댓글을 달고, 질문을 던지고, 관련 토론에 참여함으로써 적극적으로 교류하라. 시간이 흐름에 따라 강력한 개인 브랜드가 쌓이면서 여러분은 업계에서 활발하고 신뢰할 만한 전문가로

자리매김할 것이다. 게다가 여러분이 어떤 일을 하느냐에 따라 더 많은 고객을 확보하고, 더 많은 잠재 고객을 끌어들이며, 더 많은 수익을 창출할 수도 있다. 중요한 것은 먼저 사람들을 돕는 데 집중하는 것이다. 그러면 수익은 자연스럽게 따라온다.

3. 오픈소스 프로젝트에 기여하라. 개발자나 디자이너라면 오픈소스 프로젝트에 참여하는 것이 자신의 기술을 보여주고 커뮤니티에 기여할 수 있는 훌륭한 방법이다. 관심사와 전문성이 맞닿아 있는 프로젝트를 찾아 작은 버그를 수정하거나 사소한 기능을 추가하는 것부터 시작하라. 경험과 자신감이 쌓이면 더 큰 과제에 도전하고 다른 사람들과 협업하라. 그러면 기술적 역량이 향상될 뿐만 아니라 같은 분야의 전문가들과 관계를 맺고 일에 대한 자신의 헌신을 드러낼 수 있다.

아르비드가 Podscan.fm을 구축하는 과정을 실시간으로 보면서 내가 깊이 공감한 이유도 여기에 있다. 나 역시 '스마트 패시브 인컴 블로그'에서 '공개적으로 일하기'를 실천해왔기 때문이다. 나는 사람들에게 단순히 '이렇게 하라'고 말하는 대신 실제로 보여주고 싶었다. 내가 어떤 비즈니스를 진행 중인지, 그리고 정확히 얼마의 수익을 내고 있는지까지 정기적으로 업데이트하면서 투명성으로 신뢰를 쌓았을 뿐만 아니라 나 자신도 더 빨리 배우고 성장할 수 있었다.

예를 들어, 2010년에는 수많은 사람이 내 어깨너머로 지켜보는 가운데 처음부터 끝까지 웹사이트를 직접 만들어 보였다. 내가 전혀 알지 못했던 분야인 '보안 요원 교육'이라는 틈새시장에서 연구를 하고, 웹사이트를 구축하고, 독자들을 위한 블로그 글을 작성했다.

73일 만에 그 웹사이트는 구글에서 '보안 요원 교육'이라는 검색어로 1위를 차지했고 순식간에 입소문이 퍼졌다. 내가 전 과정을 기록해둔 덕분에 수천 명이 그 사례연구에 따라 웹사이트를 만들고 수익을 올렸다. 게다가 내가 글 속에 포함시킨 제휴 링크를 통해 사람들이 내가 사용한 툴을 구매하면 수수료도 받을 수 있었다. 나는 그 시리즈로 매달 2만 달러의 수익을 추가로 올렸고, 이런 흐름은 틈새 웹사이트 제작 붐이 사그라들 때까지 5년 이상 안정적으로 이어졌다.

2020년 나는 그 보안 요원 웹사이트를 매각했다. 그리고 그것은 내 이름과 브랜드를 세상에 알린 가장 중요한 사례연구 중

하나로 남았다.

학습 공동체라는 벌집

마지막으로, 자신의 배움과 전문성을 드러낼 경우 열정과 목표를 공유하는 사람들과 함께 공동체를 만들고 협력할 기회를 얻는다는 점이 가장 매력적이다. 내가 이전 저서인《슈퍼팬 Superfans》에서 이미 예측했듯이 세상은 점점 더 연결을 갈망하는 방향으로 나아가고 있다. 그리고 지금 우리는 그 어느 때보다 공동체가 필수적인 시대에 살고 있다.

SPI 미디어는 일찌감치 커뮤니티의 힘을 인식하고 2022년에 사업 모델을 과감히 전환했다. 개별 강의 중심에서 커뮤니티 중심 접근으로 방향을 틀었던 것이다. 이 전략적 전환은 단순히 수강생들의 강의 완주율을 세 배로 끌어올린 것에서 멈추지 않았다. 구성원들과의 연결이 훨씬 깊어지고 공동체 안에서 의미 있는 상호작용이 이뤄지면서 브랜드에 대한 지지 역시 단단해졌다. 결과적으로 모두가 이익을 얻었다.

하지만 진짜 마법은 이런 가상의 연결이 현실로 확장될 때 일어난다. 같은 지역에 사는 회원들이 자연스럽게 만나거나 콘퍼런스 등 더 큰 모임에 참여해 함께 시간을 보내는 순간들 말이다. 이런 대면 교류는 커뮤니티 전략에서 점점 더 중요하고 핵심적인 축으로 자리 잡고 있다.

내 포켓몬 유튜브 채널인 '딥 포켓 몬스터Deep Pocket Monster'에서도 나는 커뮤니티에 집중한다. 매주 월요일 밤이면 수천 명이 실시간 채팅방에 모여 내가 반짝이는 캐릭터 카드들을 뜯는 모습을 지켜본다. 우리만의 멤버십인 '젬 민트 클럽Gem Mint Club'은 특별 경품 행사와 전용 디스코드Discord(게이밍 인스턴트 메신저—옮긴이) 채널에 참여할 수 있다. 그곳에서 회원들은 자유롭게 소통하며, 자신이 새로 모은 카드들을 자랑할 수 있다. 온라인 공간이지만 서로의 열정이 만나는 진짜 장이다.

'카드 파티'라는 오프라인 이벤트도 직접 기획하고 실행할 수 있었다. 이 자리는 포켓몬 팬과 카드 수집가 그리고 인기 크리에이터들을 한자리에 모으는 특별한 경험이었다.

2023년 캘리포니아주 애너하임에서 열린 첫 행사에는 2500명

이상이 참여했고 2024년 플로리다주 올랜도에서는 그 수가 거의 두 배로 늘었다. 나는 이 행사를 단순한 모임이 아니라 나 자신도 가족과 함께 꼭 참여하고 싶은 모임으로 만들고자 했다. 다채로운 포켓몬의 세계에 함께 뛰어들 수 있는 곳 말이다. 대형 콘퍼런스 센터와 연결된 여러 연회장으로 꾸며진 공간은 우연한 만남을 자연스럽게 만들어내고, 그 안에서는 공동체라는 일체감이 더욱 깊어졌다.

참가자들은 온라인에서만 알던 친구들을 직접 만나 새로운 인연을 맺을 수 있고, 좋아하는 포켓몬 크리에이터와 사진을 찍을 수도 있다. 또한 카드 교환이나 '포켓몬 스캐빈저 헌트Pokémon Scavenger Hunt' 같은 활동에 참여하며 열정을 나눈다. 어린 팬부터 베테랑 수집가까지 모두가 함께 즐기면서 오래도록 기억에 남을 추억을 만들어가는 것이다. 2025년에는 탬파베이와 시애틀에서 두 차례 행사를 열 계획인데, 이미 많은 참가자가 "캠프는 캠프인데, 포켓몬 덕후들을 위한 캠프"라는 표현으로 기대감을 드러내고 있다. 나는 그 말이 정말 마음에 든다.

온라인이든 오프라인이든 커뮤니티가 무엇을 중심으로 형성되었는지는 크게 중요하지 않다. 이런 커뮤니티들은 자연스럽게 사람들이 모여서 서로의 통찰을 나누고 직접 만나 협업할 수 있는 안전한 공간이 된다. 단순한 네트워크를 넘어서서 오래 지속될 관계와 소속감을 만드는 것이다. 워크숍, 협업 세션, 사교 모임 등 어떤 형식으로든 이런 행사들은 공동체적 유대감을 강화하기 위해 설계된다. 이것이 바로 학습 공동체의 힘이다.

오늘날의 디지털 시대에는 자신만의 커뮤니티를 안전하고 매력적인 공간으로 키우고 가꿀 수 있는 사람이 리더로서 주목받는다. 온라인과 오프라인의 틈을 메우면서 지식을 확산하고, 협력을 이끌고, 단순히 뜻을 함께하는 사람들이 쉴 수 있는 공간을 제공하는 것, 이것이야말로 인간의 본능적인 연결 욕구를 충족시키는 일이다. 더 많은 혁신과 이벤트를 통해 이런 장을 만들어가는 것은 단순히 커뮤니티를 세우는 것이 아니라 공동의 성장과 상호 지원으로 살아 숨 쉬는 하나의 흐름을 만들어가는 것이다.

우리 SPI 커뮤니티 안에서도 나와 팀은 이미 이 엄청난 힘을 직접 목격하고 있다. 새로운 파트너십이 맺어지고, 마스터마인드 그룹이 만들어지며, 질문에 대한 답변이 나온다. 그것도 우리 팀만이 아니라 서로 돕고 싶어 하는 커뮤니티 구성원들 덕분이다. 이 모든 과정을 지켜보는 것은 정말 감동적이다. 더 놀라운 점은 우리가 커뮤니티를 만들었음에도 지금은 구성원들이 우리에게 훨씬 더 많은 것을 가르쳐주고 있다는 사실이다.

커뮤니티 안에서 오가는 다양한 대화 주제는 우리가 앞으로 어떤 부분에서 더 도움과 지원을 제공할 수 있을지를 보여준다. 게다가 많은 구성원이 특정 분야에 대해 우리보다 훨씬 더 다양한 지식을 갖고 있다.

예를 들어, 멤버 중 한 명인 주네이드 아흐메드Junaid Ahmed는 '홈 스튜디오 마스터리Home Studio Mastery'라는 브랜드를 운영하고 있다. 그는 다른 멤버들뿐만 아니라 우리 팀에게도 집에서 전문적인 영상 스튜디오를 세팅하는 방법을 알려주며 큰 도움을 주고 있다. 또 다른 학생인 MV 브레이버먼MV Braverman은 이메일 발송 최적화email deliverability의 전문가다. 그녀는 구독자들에게 발송한 이메일이 스팸함에 들어가지 않고 제대로 전달될 수 있도록 돕는다. 실제로 그녀는 우리 팀이 더 나은 결과를 내는 데에도 이바지했다.

이렇듯이 커뮤니티 안에서 협력하고 유용한 정보를 교환하는 과정은 마치 마법과도 같다. 단순히 일대일의 연결에 그치지 않고 서로가 서로에게 끊임없이 가치를 더하는 구조다. 일종의 벌집처럼 끊임없이 움직이는 생산적인 흐름이 생겨나고, 그 결과물은 꿀처럼 충분한 가치를 한다.

우리는 SPI에서 커뮤니티 운영 도구로 서클Circle(온라인 커뮤니티 운영 플랫폼―옮긴이)을 활용하긴 하지만(그리고 아주 만족스럽게 사용하고 있다) 기술 자체가 사람들을 하나로 모으는 데 걸림돌이 되어서는 안 된다는 점을 기억하고 있다. 중요한 건 거창한 시스템이 아니라 작은 시도에서 출발해 서로에게 배우고 함께 성장하는 것이다.

여러분의 열정과 목표를 공유하는 사람들과 커뮤니티를 만들고 협력할 기회를 받아들임으로써 단순히 자신의 배움과 성장을 확장하는 것에서 멈추지 않고, 여러분의 직접적인 영향력을 훨씬 넘어서는 긍정적인 변화의 파급효과를 만들 수 있다.

그러니 의미 있는 관계를 쌓아가고, 협력의 정신을 키워라. 그러면 여러분이 미처 상상하지 못했던 방식으로, 여러분의 파급력과 영향력이 더욱 넓어지고 깊어지는 모습을 목격하게 될 것이다.

다음은 여러분이 커뮤니티를 만들어 같은 분야의 사람들과 협업할 수 있는 몇 가지 방법이다.

1. 마스터마인드 그룹에 참여하거나 직접 만들기

기존 업계나 관심 분야의 그룹을 찾아보거나 믿을 만한 동료 또는 친구와 함께 직접 시작해도 좋다. 규칙을 명확히 정하고, 정기적인 모임을 계획하며, 서로를 지지하고, 함께 도전할 수 있는 환경을 조성하라. 이런 환경이야말로 성장과 협업을 끌어내는 힘이 된다. 3장에서 언급했듯이 나는 10년 넘게 매주 꾸준히 모여온 두 그룹에 속해 있다. 그중 하나는 이미 운영 중이던 그룹에 합류한 것이었고, 다른 하나는 친구와 함께 새롭게 시작한 것이었다.

2. 업계 행사와 콘퍼런스에 참여하기

업계 행사나 콘퍼런스는 다른 전문가들을 만나고, 새로운 트렌드와 모범 사례를 배우며, 자신의 전문성을 보여줄 훌륭한 기회다. 자원봉사자로 참여하거나 연사로 나서거나 워크숍을 이끌 기회를 찾아보라. 행사에 참석할 때는 연사 및 참석자들과 적극적으로 교류한다. 그리고 이후에는 새로 맺은 인연과 연락을 이어가면서 관계를 더욱 공고히 한다.

동료나 업계 지인에게 어떤 행사에 다녀왔는지, 무엇을 추천하는지 물어보는 것도 큰 도움이 된다. 또한 행사에 참석할 때는 구체적인 목표를 세워라. 예를 들어 꼭 만나고 싶은 사람, 협업을 원했던 회사, 바로 실행할 수 있는 적시 정보 등을 미리 정해두는 것이다. 온라인으로 열리는 행사 또한 놓치지 말고 챙겨라.

3. 업계 매체와 블로그에 기고하기

업계 매체나 블로그에 글을 쓰는 것은 여러분의 지식과 통찰을 더 넓은 독자층과 나누는 동시에 해당 분야에서 영향력 있는 전문가로 자리매김할 강력한 방법이다. 자신의 전문성과 독자층에 맞는 매체를 찾아서 가치 있는 정보를 담고 여러분만의 관점을 보여줄 수 있는 기사 관련 아이디어를 제안하라. 글이 게재되면 자신의 채널을 통해 적극적으로 알리고, 댓글을 남기거나 글을 공유하는 독자들과 꾸준히 소통하라.

마지막으로, 같은 분야에서 비슷한 목표와 가치를 공유하는 사람들과 함께 구체적인 프로젝트나 이니셔티브에 협업하는 것도 고려해보라. 공동 집필, 논문 작성, 새로운 제품이나 서비스 론칭 등 무엇이든 상관없다. 서로의 강점으로 보완해줄 파트너를 찾고, 초기 단계부터 역할과 책임, 기대치를 명확히 정하라. 협업 과정에서 도전과 기회를 기꺼이 받아들이고, 거기서 얻은 공동의 성과를 함께 축하하라.

배웠다면 가르치고, 받았다면 나누라

여러분의 배움과 전문성을 드러내는 일은 단순히 이해와 기술을 강화하는 것에 그치지 않는다. 그것은 다른 사람에게 가치를 창출하고, 의미 있는 관계와 협업을 쌓아갈 수 있는 놀라운 기회이기도 하다. 이 배움-가르침의 순환을 받아들여야 여러분은 자신의 성장을 가속하고 시간이 지날수록 더 큰 영향력과 성취를 만들어내는 선순환 구조를 열어갈 수 있다.

물론 배움에서 리더십으로 도약하는 일은 처음에는 벅차게 느껴질 수 있다. 준비가 안 된 것 같다거나 다른 사람에게는 가치가 없을 것 같다고 느낄 수도 있다. 하지만 모든 시작은 작게 열리는 법이고, 여러분만의 시각과 경험은 그 자체로 충분히 가치가 있다. 작게 시작하라. 다른 사람들에게 도움이 되는 가치를 제공하고 린 러닝이 여러분의 길잡이가 될 것임을 믿어라.

'전문가'란 우리보다 몇 걸음 앞선 사람일 뿐이다. 그러니 여러분이 어디에 있든 그 뒤에는 언제나 여러분의 도움이 필요한 사람들이 있다는 사실을 잊지 마라.

세상과 지식을 나누고 행동에 옮기는 과정에서 모든 기회를 새로운 배움의 장으로 삼아라. 피드백과 비판은 여러분의 기술과 이해를 다듬어주는 선물이라 생각하고, 성공과 실패 모두를 탁월함으로 가는 길에서 반드시 지나야 하는 경유지로 받아들여라. 무엇보다 호기심을 잃지 말고, 겸손을 유지하며, 배움과 리더십의 여정을 평생 이어가라.

마야 안젤루Maya Angelou의 말처럼, "배웠다면 가르치고, 받았다면 나누라." 이 철학을 마음에 새기고 매일 실천한다면 여러분의 배움과 성장에 가속도가 붙을 뿐만 아니라 여러분의 삶과 일을 훌쩍 넘어서 변화의 물결을 만들어낼 수 있을 것이다. 그러니 이제 세상에 나가 여러분이 가진 선물을 나눠라, 친구여. 미래는 단 한 걸음에서 시작되고, 여러분의 다음 발걸음이 바로 지금 시작된다.

당신의 마지막 '공부'는 여기까지다: 이제 성취를 시작하라

몇 해 전, 내 독자인 파멜라 아코스타Pamela Acosta(이하 '팸')는 고대 마야인의 순례를 재현하는 행사에 참여하기로 결심했다. 이 순례는 멕시코 본토에서 코수멜섬까지 이어지는 카누 여행으로서 달과 풍요, 출산의 여신인 익스첼Ix-Chel을 기리는 것이 목적이었다. 약 36킬로미터에 이르는 거친 바다를 건너야 하는 이 순례는 마야 원주민의 전통을 이어가기 위해 리비에라 마야Riviera Maya의 한 민간 테마파크가 주관하는 행사다. 대부분의 참가자는 이 여정을 위해 최소 6개월간 훈련을 쌓는다.

온타리오 출신인 팸은 콘텐츠 크리에이터이자 커뮤니티 매니저로 그 테마파크에서 일하면서 이 행사가 지닌 특별한 힘을 직접 목격했다. 참가자들이 깊이 변하는 모습을 보고는 이 순례가 자신을 부르고 있다는 느낌을 지울 수 없었다. 그러다가 2013년 직장 복도 곳곳에 '참가 신청' 포스터가 붙자 그녀는 더 이상 그 부름을 외면할 수 없었다.

팸은 참가 신청을 했다.

그런데 문제가 하나 있었다. 수영을 전혀 할 줄 몰랐던 것이다.

그녀는 행사가 있는 여름까지는 수영을 배울 시간이 충분할 거라고 생각했다. 그래서 일단은 '깊은 물에 뛰어드는' 마음으로 도전장을 내밀었다. 하지만 수영을 전혀 못 하면서 하루 종일 바다 위에서 카누를 타는 여정에 지원하는 건 분명 무모한 일이었다.

그래서 그녀가 다음에 할 일은 명확했다. 수영 강습에 등록하는 것이었다. 팸은 본격적인 순례 훈련이 진행된 후에야 물에 들어갈 거라고 믿었다. 하지만 그 예상은 완전히 빗나갔다. 훈련 첫날 새벽 6시, 군인 출신인 우루과이 태생의 코치가 100명이 넘는 참가자들에게 소리쳤다. "물에 들어가서 한 바퀴 헤엄

쳐요!"

그 순간, 팸에게는 두 가지 선택지가 있었다. 짐을 챙겨 캐나다행 버스를 타든지, 아니면 물속에 들어가 자신의 단편적인 수영 실력에 모든 것을 걸든지. 팸은 후자를 택했다.

이듬해 5월 마야 전통 복장을 입은 팸은 300명이 넘는 도전자들과 함께 쉬카렛Xcaret에서 코수멜까지 약 네 시간 동안 노를 저어 순례에 참여했다. 이 여정은 여신에게 제물을 바치는 의식으로 마무리되었다. 지금도 그녀는 이 경험을 인생 최고의 순간 중 하나로 꼽는다. 불편함을 무릅쓴 것도, 자신을 낯선 상황에 내던지고 스스로 해결해나간 것도 절대 후회하지 않는다. 두려움 너머에서(그 순례의 끝에서) 팸이 발견한 것은 결코 빼앗길 수 없는 자신감과 강인함이었다.

이것이 바로 린 러닝의 힘이다. 받아들일 준비만 한다면, 삶을 바꿀 수 있는 힘이다.

물론 여기서 교훈은 무모하게 위험에 뛰어들라는 게 아니다. 팸 주위에는 만약의 상황에 대비해 그녀를 도와줄 사람들이 있었다. 챔피언들이 있었던 것이다. 비록 사전 훈련은 최소한이었지만, 팸은 적시 훈련Just-in-Time Training을 최대한 준비했다.

그리고 그녀는 핵심 질문('만약 이 일이 쉽다면, 어떤 모습일까?')을 적용해 제한된 시간을 최대한 활용하며 매일 훈련에 임했다. 그 덕분에 그녀는 다가올 여정에 대비할 수 있었다.

완벽히 준비되지 않았음에도 순례를 신청한 것 자체가 팸에게는 자발적 강제 장치였다. 그리고 훈련 과정에서는 자신의 파워 텐을 활용해, 여정을 앞둔 몇 달 동안 온 힘을 쏟아부었다.

그 시간 동안 팸은 자신이 생각하던 한계를 퀀텀 리프 수준으로 뛰어넘는 성장을 경험했다. 의식이 열리던 날에도 여전히 완벽히 준비되었다는 확신은 없었지만, 팸은 결국 해냈다. 그녀는 대담하고 용기 있는 행동을 선택했고 그 선택은 통했다.

당연히 통할 수밖에 없다. 린 러닝은 복잡하지 않다. 하지만 노력과 실행이 필요하다. 그리고 무엇보다 헌신이 필요하다.

사실 우리는 다가올 도전에 결코 완벽히 준비될 수 없다. 그러나 팸의 사례처럼 우리도 린 러너가 되기로 선택한다면, 완벽하지 않은 상황에서도 주어진 기회를 최대한 활용할 수 있다.

혹은 우리는 계속 새로운 정보만 쌓아두는 '콘텐츠 수집광'의 길을 택할 수도 있다. 끝없이 더 나은 기회나 더 완벽한 자원을 기다리며 왜 아무 성과도 없는지 스스로 의아해하는 것이다.

하지만 지금 우리에게는 기회가 있다. *오늘 당장 다른 선택을 함으로써 우리의 삶을 바꿀 수도 있고, 아니면 기다릴 수도 있다. 아예 미룰 수도 있다.*

우리는 이미 시작하기에 충분히 알고 있다고 믿을 수도 있고, 아니면 더 준비되었다는 확신이 들 때까지 멈춰 설 수도 있다. 물속으로 뛰어들 수도 있고, 해안에 서 있을 수도 있다. 선택은 단순하다. 그리고 그 선택은 여러분과 나에게 달려 있다.

물속으로 뛰어든 사람만이 수영을 배운다

수십 년간 우리를 지탱해온 전통적인 교육 모델은 이제 기술의 눈부신 발전, 비즈니스 환경의 변화, 그리고 사람들의 끝없이 달라지는 요구에 발맞추지 못하고 있다. 이런 새로운 환경에서 무엇보다 중요한 건 바로 적응하고, 빠르게 배우며, 여전히 쓸모 있는 존재로 남는 능력이다.

이 책에서 우리는 린 러닝의 힘을 살펴보았다. 린 러닝은 새로운 기술을 습득하고, 문제를 해결하며, 복잡한 현대 사회를 더 민첩하고 효율적으로 헤쳐나가도록 돕는 방법론이다. 올바른 문제에 집중하고, 꼭 필요한 정보를 찾아내며, 대담한 행동을 취함으로써 우리는 성장을 가속하고, 새로운 기회를 열어가며, 삶과 일에서 의미 있는 성과를 만들어낼 수 있다.

앞에서 보았듯이 린 러닝은 단순한 전략이나 기법의 집합이 아니다. 그것은 학습과 성장을 바라보는 근본적으로 다른 접근법이다. *'무언가를 시작하기 전에 모든 것을 알아야 한다'는 생각을 내려놓고, 작은 진전과 끊임없는 개선 그리고 과정에서 배우려는 태도*를 받아들이도록 우리를 이끈다.

인공지능과 자동화가 산업 전체를 바꾸고 일의 본질을 새롭게 정의하는 시대에 빠르게 배우고 새로운 도전에 적응하는 능력은 가장 중요한 경쟁력이 되었다. 이 책에서 다룬 원칙들을 받아들임으로써 여러분은 빠르게 변하는 세상에서도 유리한 위치를 잡을 수 있다. 앞으로도 오래도록 관련성과 가치 그리고 영향력을 유지하는 데 필요한 기술과 지식과 마음가짐을 키울 수 있을 것이다.

그러나 린 러닝은 단지 새로운 기술을 배우거나 더 나은 직업을 얻기 위한 도구에 그치지 않는다. 그것은 인간으로서 자신의 잠재력을 깨우고, 열정을 추구하며, 세상에 긍정적인 변화를 만드는 길이기도 하다. 호기심과 겸손 그리고 행동하려는 의지를 가지고 학습에 접근할 때 무궁무진한 가능성과 기회가 열린다.

이 책에서는 린 러닝의 핵심 요소들을 살펴보았다. 해결해야 할 문제를 찾는 일에서부터 적시 정보를 모으고 멘토와 커뮤니티의 힘을 활용하는 방법까지 다뤘다. 또한 마이크로 마스터리와 때로는 과감한 선택이 어떻게 성장을 가속하는지, 다른 사람들을 가르치고 공개적으로 일하는 과정이 어떻게 이해를 심화시키고 영향력을 확장하는지를 보았다. 그러나 가장 중요한 교훈은 따로 있다. **린 러닝은 단순히 도착 지점이 아니라 평생에 걸친 성장과 발견 그리고 변화를 향한 여정이라는 점이다.**

그것은 일종의 순례로서 불편함을 받아들이고, 자신의 가정을 깨뜨리며, 한계를 넘어설 것을 요구한다. 이 여정에는 용기와 회복탄력성, 그리고 위험을 감수하고 실패에서 배우려는 태도가 필요하다.

이 책에 담긴 영감을 주는 이야기와 사례들을 통해 확인했듯이 린 러닝이 주는 보상은 헤아릴 수 없을 만큼 크다. 오리가 보여준 예술적 재발견의 여정, 브라이언의 대담한 창업 전환, 네이선이 컨버트킷에 걸었던 믿음의 도약, 그리고 팸의 인생을 바꾼 카누 순례까지, 모든 이야기는 우리가 얼마나 큰 가능성을 품고 있는지 일깨워준다.

특히 팸의 이야기는 우리에게 주어진 도전과 기회 앞에서 ‘완벽히 준비된 순간’은 절대 오지 않는다는 사실을 상기시킨다. 그러나 물에 첫발을 들이고 ‘하면서 배우겠다’고 선택하는 순간 우리의 삶은 전혀 예상치 못했던 방식으로 바뀌기 시작한다. 그러니 여러분이 자신의 삶을 돌아볼 때도 린 러닝의 힘을 받아들이기를 바란다.

무엇보다 먼저 지금 자신에게 가장 중요한 문제와 도전을 찾아내라. 그리고 그것을 해결하기 위해 대담하게 행동을 시작하라. 필요한 핵심 정보와 자원을 찾되, 완벽을 추구하느라 제자리에 머무르지는 말자. 대신 작은 진전을 쌓아가면서 실수에서 배우고, 성과를 기꺼이 인정하라. 혼자가 아니라는 점도 잊지 마라. 여러분 곁에는 여러분을 응원하고 여러분의 성장을 도와줄 사람들이 있다. 멘토와 동료는 물론 여러분과 함께 도전하는 커뮤니티의 친구들이 여러분을 격려하고, 도전하게 하고, 성장으로 이끌어줄 것이다. 그리고 마지막으로, 배움의 순환을 완성하려면 자신이 배운 것을 다른 사람들과 나눠라. 그러면 여러분의 영향력과 파급력이 놀랍고 유익한 방식으로 확장될 것이다.

무엇보다 린 러닝은 특정 목적지에 도착하거나 정해진 목표를 이루는 것이 아니다. 그것은 끊임없는 성장과 호기심 그리고 변화에 대한 적응력을 기르는 마음가짐이다. 결국 이 모든 것은 배움이라는 여정을 사랑하는 일이다. 기복과 우여곡절, 예상치 못한 갈림길까지 포함해서 말이다. 그러니 여러분의 여정을 시작하면서 언제나 호기심을 잃지 말고, 겸손함을 유지하며, 과정에 자신을 맡겨라. 가장 중요한 것은 여러분 안에 이미 성공하고 성장하며 긍정적인 흔적을 남길 모든 자원이 있다는 사실을 기억하는 것이다.

그러니 오늘 그 첫걸음을 내디뎌라. 린 러닝의 힘을 믿고, 성장과 발견의 여정을 담대하게 걸어가라.

그리고 이 책의 마지막 장을 끝내면서 여러분에게 마지막 도전이자 초대장을 남긴다. 잠시 멈추어서 가장 중요한 문제와 과제가 무엇인지, 어떤 기술과 지식을 배우고 싶은지, 세상에 어떤 영향을 남기고 싶은지 자신에게 물어보자. 그다음에는 오늘 당장 할 수 있는 아주 작은 행동 하나를 선택하라. 단순히 시작하기 위해서라도. 멘토에게 연락하거나 강의에 등록하거나 시간을 내어 우선순위를 돌아보는 것도 좋다. 무엇이든 상관없다. 그 첫걸음을 자신과 약속하고 매일, 매주, 매달 계속 이어가라.

이 과정이 힘을 갖는 것은 날마다 쌓이는 작은 행동 덕분이다. 시간이 흐르면서 그것들이 겹겹이 쌓여 강력한 결과를 만든다. 그러니 *작게, 단순하게 시작하라.* 이 원칙과 전략들을 실천해나갈 때 여러분이 이미 배우고 성장하며 긍정적인 변화를 만들어내려는 더 큰 공동체의 일부라는 사실을 잊지 말자. 함께라면 우리 자신은 물론 우리 주변과 세상까지 바꿀 수 있다. 단 한 걸음씩 나아가면서 말이다.

참고문헌

프롤로그 : 당신은 이미 너무 많이 알고 있다

1. Haiyang Ding, Bing Cao, and Qixuan Sun, "The Association Between Problematic Internet Use and Social Anxiety Within Adolescents and Young Adults: A Systematic Review and Meta-analysis" (*Frontiers in Public Health* 11: September 29, 2023), https://doi.org/10.3389/fpubh.2023.1275723.

1장 호기심에도 가지치기가 필요하다 : 영감이라는 함정

1. Richard Wiseman. "New Year's Resolution Project" (*Quirkology*), http://www.richardwiseman.com/quirkology/new/USA/Experiment_resolution.shtml.

2장 배움은 가장 우아한 도피다 : 일단 그냥 시작할 것

1. Amy Edmondson, "It's OK to Fail, but You Have to Do It Right" (*Harvard Business Review*, July 28, 2023), https://hbr.org/2023/07/its-ok-to-fail-but-you-have-to-do-it-right.

4장 소음을 제거하라 : 필요한 순간에만 배우는 '적시 정보'의 힘

1. Daniel Kahneman, *Thinking, Fast and Slow* (New York: Farrar, Straus & Giroux, 2011), 24.

5장 자발적 강제 장치 : 나를 벼랑 끝에 세우는 법

1. Peter M. Gollwitzer and Paschal Sheeran, "Implementation Intentions and Goal Achievement: A Meta-analysis of Effects and Processes," in *Advances in Experimental Social Psychology*, (2206), 69 – 119, https://doi.org/10.1016/s0065-2601(06)38002-1.

2. Grabmeier, Jeff. "Share Your Goals—But Be Careful Whom You Tell," Ohio State University, September 10, 2019, https://news.osu.edu/share-your-goals—but-be-careful-whom-you-tell.

6장 맹목적 질주 멈추기 : 밀고 나갈 것인가, 방향을 틀 것인가?

1. Mihaly Csikszentmihalyi, *Flow: The Psychology of Optimal Experience* (New York: Harper & Row, 1990).

옮긴이 김지혜

미국 버클리음악대학에서 프로페셔널 뮤직을 전공했다. 한국외국어대학교 영어통번역학과를 졸업하고, 이화여자대학교 외국어교육특수대학원에서 TESOL을 전공했다. 영상번역가로 활동하며 수백 편의 미드·영화·다큐멘터리 등을 번역했고 현재는 바른번역 소속 전문 번역가로 활동 중이다. 역서로는《한 곡 쓰기의 기술》,《음악의 시대》,《내 생애 한 번은 피아노 연주하기》,《남극으로 걸어간 산책자》,《빵은 인생과 같다고들 하지》,《눈치》 등이 있다.

그만 배우기의 기술
딱 필요한 만큼만 배워서 바로 써먹는 실행의 법칙

초판 1쇄 발행 2026년 2월 6일
초판 3쇄 발행 2026년 3월 16일

지은이 팻 플린
옮긴이 김지혜
발행인 김형보
편집 최윤경, 강태영, 임재희, 홍민기, 강민영, 김아영
마케팅 이연실, 김보미, 김민경, 고가빈   **디자인** 김지은, 박현민   **경영지원** 최윤영, 유현

발행처 어크로스출판그룹(주)
출판신고 2018년 12월 20일 제 2018-000339호
주소 서울시 마포구 동교로 109-6
전화 070-5080-4113(편집) 070-8724-5877(영업)   **팩스** 02-6085-7676
이메일 across@acrossbook.com   **홈페이지** www.acrossbook.com

한국어판 출판권 ⓒ 어크로스출판그룹(주) 2026

ISBN 979-11-6774-269-8 03190

• 잘못된 책은 구입처에서 교환해드립니다.
• 이 책은 저작권법에 따라 보호를 받는 저작물이므로 무단 전재와 무단 복제를
  금지하며, 이 책의 전부 또는 일부를 이용하려면 반드시 저작권자와
  어크로스출판그룹(주)의 서면 동의를 받아야 합니다.

만든 사람들
편집 강태영   **교정** 윤정숙   **디자인** 박현민